역사 속의
산파와 조산사

경희대학교 인문학연구원
HK+통합의료인문학연구단
통합의료인문학
학 술 총 서_ 10

역사 속의
산파와 조산사

사토노리코 신지혜 유연실 자오징 장수칭 최지희

지음

The History of Midwifery

모시는사람들

　경희대학교 인문학연구원 HK+통합의료인문학연구단은 의료에 대한 인문학적 접근을 통해 의료인의 인문학적 소양을 높이며 의료에 대한 사회 일반의 이해를 높이기 위해 노력하고 있다. 의료는 전문 지식의 영역이기도 하지만 인간의 '출생, 노화, 질병, 죽음'과 밀접하게 관련된 인생의 일부이기도 하다. 이에 본 연구단은 '생 · 로 · 병 · 사'에 대한 학제 간 연구를 수행하며 의료와 인문학의 유기적인 관계를 탐구하고 있다. 이번 학술총서는 '생'(生)과 밀접하게 관련된 '출산을 돕는 여성'인 산파와 조산사의 이야기에 주목하였다. 지난 학술 총서 『출산의 인문학』에서는 '출산'을 둘러싼 다양한 문제를 논의하였는데 주로 임신과 출산에 초점을 맞추었다면, 이번 학술총서는 좀 더 구체적으로 출산을 도왔던 여성과 이들을 둘러싼 사회적인 작용과 반응을 중심으로 살펴보고자 하였다.

　역사 속 출산 행위와 의례는 지역마다 시대마다 다양했지만 출산을 도왔던 사람이 주로 '나이 든 여성'이라는 점은 비슷했다. 근대 의료 체계가 정립되면서 산부인과라는 전문 분과가 만들어지고 남성이 전문 산과의사의 권력을 확보할 때까지 출산은 여성의 영역에 가까웠다. 이 여성들은 특별한 자격증이 있던 것은 아니지만 자신의 출산 경험과 다른 여성의 출산을 도운 경험으로 마을, 지역사회의 '산파'로 활동하였다. 또한 산파의 역할은 출산에 한정되지 않았다. 예를 들어 중국의 오래된 풍습에는 아이의 탄생을 축하하고 무병장수를 기원하는 출산 의례가 있는데, 이 의식은 주로 산파가 주관하였으며 새로 태어난 아이를 사회적 네트워크 속에 자리 잡게 하는 매우 중요한 상징적인 의미가 있었다. 또한 마을의 어른인 산파는 경험이 없는 젊은 산모에게 아이를 낳은 후의 산후조리나 육아 등의 경험을 공유하며 돌보아주는 역할도 하였다. 즉 산파는 시대, 문화를 통틀어 의료적인 역할뿐만 아니라 더 넓은 사회적 역할을 수행하고 있었다. 근대 위생 행정이 전개되면서 산파는 의학 지식이 결여된 낙후된 존재로 낙인 찍히기도 하고 재교육의 대상이 되기도 하였다. 동시에 출산을 돕는 또 다른 여성으로 근대 산과의학 교육을 받은 '조산사'가 사회에 등장하게 되었다.

「중국의 산파 이미지의 역사적 변천」에서는 산파에 '여성'이라는 성역할이 분명해지기 시작한 송대부터 근대 국가의 위생정책이 시행되는 1930년대까지, 산파가 어떤 이미지를 가지고 있었으며 이러한 이미지가 형성되기까지 어떤 사회 요소의 영향을 받았는지를 살펴보았다. 중국에서 아이를 받는 여성은 온파, 접생파, 수생파 등의 다양한 호칭으로 불려왔다. 송대 이후 남녀 성별의 엄격한 분리가 시행되면서 주로 여성이 출산을 돕는 조력자가 되었고, 출산은 남성 의사들의 손이 닿을 수 없는 산파의 영역이 되었다. 남성의사와 문인들은 산파를 폄하하며 '의학지식이 부족하고 도덕적으로 타락했으며 재물을 밝히고 목숨을 가볍게 여기는' 부정적인 이미지로 묘사하였다. 그러나 사실 풍부한 경험을 가진 출산의 조력자 산파들은 여성과 지역사회에서 없어서는 안 될 중요한 존재로 존중받았다. 산파는 주류사회에서 비판받으면서도 사회적으로 인정받는 이중적인 이미지를 가지고 있었다.

그러나 근대 이후 중국 사회에 서양 의학이 전파되고 위생이 중요한 화두가 되면서 산파의 사회적 역할과 위치에는 큰 변화가 발생하게 되었다. 중국의 '강종'과 '강국'이라는 시대적 과제를 달성하기 위해 산파는 근대적 위생 행정의 '훈육'과 '개조'의 대상으로 전락하였다. '나이 든 여성'의 이미지를 가진 산파는 더 이상 존경의 대상이 될 수 없었다. 각종 근대 매체에서는 산파를 '더러운 손'으로 산모와 아이를 해치는 주범으로 묘사하였고, 산파가 저지른 실수나 의료사고를 대대적으로 보도하였다. 산파는 점차 '구식', '낙후', '비과학', '비위생' 등의 이미지로 굳어져 갔다. 근대 신문 매체가 생산하고 구축했던 이러한 산파의 이미지는 산파의 역할과 위치 변화에 많은 영향을 미쳤다. 그러나 이러한 보도에도 불구하고 실제 산파의 영향력은 한동안 유지되었다. 이 글에서는 근대 이후 각종 부정적인 언론 보도, 위생행정의 단속에도 불구하고 산파가 여전히 농촌과 하층민 여성들의 출산을 돕는 역할을 맡으며 중국사회에 영향을 미치고 있었다는 것을 보여주었다.

「또 다른 타자: 근대 중국의 조산사 단체와 곤경」은 근대 국가의 위생행정 하에서 산파를 대체할 새로운 의료 인력으로 양성되었던 '조산사'가 실제 현실에서 처했던 딜레마와 '곤경'을 조명한 글이다. 20세기 이후 중국에서는 조산사 교육기관이 늘어나고 근대 산과교육이 점차 확산되며 신식 조산사가 육성되었다. 조산사는 근대 중국에서 서양 산과 지식을 보급하여 분만위생을 실행한다는 새로운 시대의 사명을 맡았던 직업 여성이었다. 또한 그들은 정부의 근대 위생행정의 주요 조력자, 실천자이기도 하였다. 그러나 졸업 후 조산사들은 원하는 곳에 취업하기 힘들었다. 졸업생 대부분은 상하이, 베이징, 광저우 등의 대도시에 집중되어 '공급과잉' 상태였기 때문이다.

조산사가 이러한 곤경에 처하게 된 것은 구식 산파와의 경쟁에서 비롯된 것이었다. 조산사는 '근대 산과 의학 지식을 배운 젊은 여성'의 긍정적인 이미지로 비춰지기도 했으나, '경험이 부족하고 태도가 오만하다'는 부정적인 이미지로 묘사되기도 하였다. 이에 반해 산파는 비록 현대 생물의학이 비판하는 '타자'로 비춰지기도 했으나, 실제 사회에서는 저렴한 비용으로 출산을 도와 산모와 가족의 환영을 받았고 이들과 오랫동안 밀접한 관련을 맺었던 영향력이 남아 있었다. 게다가 산과의사나 조산사의 숫자가 부족했기 때문에 난징 국민정부는 구식 산파가 신식 조산법을 훈련받아 의료 공백을 메꾸게 하였다. 구식 산파는 조산사들보다 교육기간이 짧다는 약점이 있었지만 곧 잠재적인 조산사의 경쟁상대가 되었다.

조산사들은 산과의사와의 관계에서도 불리한 처지였다. 조산사는 산과의사와 종속적 관계로 묶여 있었다. 산과의사는 정부의 의료정책에 영향을 미칠 수 있는 위치에 있었고, 곧 의료기술과 법률제도 등의 측면에서 조산사와 구분되는 위계관계를 구축하였다. 조산사는 정상적인 분만에만 개입할 수 있었고 약물을 사용하거나 수술을 집도할 수 없다는 점에서 교육받은 산파와 큰 차이가 없게 되었다. 이러한 제약은 조산사의 의료적·사회적 권위, 환자와의 관계 등에 크게 영향을 미치게 되었다. 물론 조산사는 실제 출산 현장에서 이상의 제약을 어기고 법이 규정한 경계를 넘나들며 산과의사의 역할을 대신하기도 하였다. 그러나 조산사는 산파처럼 또 다른 종류의 '타자'가 될 수 밖에 없었다.

근대 보건의료가 출산의 영역으로 확대되던 시기에 서구사회의 산파는 어떤 상황에 처해 있었을까.「출산의 필요악: 20세기 초 미국 이민자 사회의 산파」는 미국 이민자 사회와 산파를 조명하였다. 20세기 초 미국에서도 출산을 공중보건의 영역에 포함시키고 의료화하려는 움직임이 나타나면서, 영아와 산모의 사망률을 줄이고 좀 더 '과학적'인 출산을 사회에 정착시키기 위해 산파의 통제와 단속, 재교육을 추진하였다. 그 결과 19세기 이후 산파는 의료도구와 약품 사용, 최신 의료기술에서 배제되면서 전문성을 잃게 되었고, 20세기 이후 백인 중산층 여성들은 남성 산부인과 의사의 주도 아래 병원에서 출산을 경험하는 비중이 크게 늘어났다.

　그러나 이민자 사회에서는 20세기 이후에도 산파의 영향력이 여전히 건재했으며, 산모들은 같은 이민자 산파에게 도움을 청하여 아이를 낳았다. 19세기 이후 미국에 급증하게 된 이민자들은 의사를 부를 만한 경제적인 여력이 없었을 뿐더러 '남성' 의사가 출산에 관여하는 것에 대한 문화적인 거부감 때문에 같은 언어를 사용하고 출산 후 산모의 회복에 전반적인 도움을 줄 수 있는 산파를 선호하였다. 사회개혁가, 의료인들은 이민자 산파들이 무지와 비위생적인 관습으로 이민자 산모와 아이들을 해칠 뿐만 아니라, '건강한 국가 만들기'를 위협한다고 비난하고 심지어 산파의 폐지를 주장하기도 했다. 하지만 산파를 비난하던 이들도 산파가 '필요악'이라는 점은 인정할 수밖에 없었다. 이민자 사회의 수요를 충족시키기에 훈련받은 산파와 전문의료인력은 턱없이 부족하거나 미비했기 때문이다. 이 글은 마이클 M. 데이비스의 저서『이민자 건강과 지역사회』및 산파를 대상으로 제정된 법률과 규정, 산파업에 대한 기사를 분석하여 이민자 산파에 대한 불신과 노골적인 비난이 존재했으나 현실적으로 산파는 비도시 지역과 이민자 사회의 의료공백을 메꿔주는 필수 불가결한 존재였다는 점을 보여주었다.

그런데 마이클 데이비스와 같이 산파가 도움이 된다고 믿으며 산파의 훈련과 재교육을 추진했던 사람들의 궁극적인 목적은 산파업의 보존과 전문화가 아니라 산파를 대체할 만한 의료 인력의 양성과 공공 시스템의 완성이었다. 면허의 취득과 등록이 제도화되면서 산파의 입지는 줄어들었고 이민자 공동체의 '미국화'가 진행되면서 이민자 사회도 점차 병원과 의사에 의존하게 되었다. 결국 1940년대 이후 산파는 의료인의 위치를 지키지 못하게 되었고 그 자리는 산부인과 의사나 전문 훈련을 받은 간호사-산파가 차지하게 되었다.

그렇다면 미국사회에서 산파는 완전히 사라졌을까. 1940년대 이후에도 이민자, 흑인 산파는 '필요악'으로서 정부의 의료 지원을 받지 못하는 지역에서 의료인의 역할을 하였다. 또한 1960년대 이후 산파업의 지위 복원 움직임이 일어나며 현재 소수이지만 산파를 통해 출산하는 이들이 늘어나고 있고, 다양한 전문 산파가 활동하고 있다. 미국 사회에서 다시 산파가 부활하게 된 것은 출산의 '의료화', '과학화'만으로는 인종·계급에 따른 의료 양극화의 문제를 해결할 수 없으며 결국 '출산을 돕는 것'이 단순히 의료기술의 문제가 아니라는 것을 보여준다.

「국가 정책, 전문직 자율성과 전후 대만지역 조산 지식의 현지 실천-1950-1980년대를 중심으로」에서는 대만에서의 조산사 제도와 교육의 시행, 여성·아동 보건정책을 검토하며 대만에서 조산사가 쇠퇴한 원인을 고찰하였다. 일제강점기 시기 조산사 제도가 도입된 이후 1980년 초반까지 대만에서는 조산사가 존경받는 여성 의료인으로서 활발하게 활동하였다. 일본 식민지 시기 대만에서는 적극적인 공공위생제도가 추진되었는데 그중 산파 기술의 개선은 중요한 정책의 하나였다. 총독부는 특히 농촌 지역의 산파 부족 문제를 해결하기 위해 대만 국적의 산파를 양성하는 속성 교육기관을 설치했는데, 이것이 대만에서의 신식 산파교육의 시작이었다. 조산사 교육과정은 처음에는 독립된 과로 시작하였으나 점차 간호ㆍ조산 4년 합동훈련과로 운영되어 조산과 간호를 함께 교육하게 되었다. 정부의 이러한 방침은 비교적 적은 시간과 비용을 들여 간호ㆍ조산의 전문인력을 동시에 양성하기 위해서였다. 1960년대 이후에는 간호사와 조산사에 대한 사회적 수요가 급증하며 간호ㆍ조산학교가 정식으로 개설되고 간호 조산교육이 급속히 발전하기도 하였다.

1950~60년대부터 대만 정부는 대대적인 공공위생 개선사업을 시작하였고, 1965년에는 본격적인 조산사 농촌 하향 계획을 추진하였다. 보건기관의 조산사 정원을 늘리고 고액의 장학금과 보조금을 통해 농촌 하향을 장려하면서, 실제로 조산사가 농촌에서 근무하는 비율이 늘어났다. 동시에 조산사는 정부의 가족 계획의 보조자로서 여성의 피임을 교육하고 돕는 역할을 맡았다. 조산사는 대만의 급격한 출산율의 증가와 부족한 의료 인프라를 충당했던 중요한 의료인이었고, 여성들의 분만, 산후관리를 돕는 한편 피임 지식의 전파에 일조하는 등 공공위생정책이 사회의 말단까지 시행되는데 많은 영향을 미쳤다고 할 수 있다. 조산사는 안정적인 수입을 얻으며 사회의 존경을 받았고 황금기를 누렸다. 그러나 70-80년대 이후 조산사의 황금기는 점차 막을 내리게 되었다. 대만에 병원과 의사의 수가 증가하고 의료보험제도의 보장 범위에서 조산사를 통한 출산이 배제되었기 때문이다. 특히 조산사는 위생보건정책의 입안, 수립에 참여하지 못하였고 결과적으로 의사, 간호사 전문가 집단과의 경쟁에서 뒤처지

게 되었다.

마지막으로「근·현대 일본의 조산의 발달과 출산의료의 변화」에서는 사회인류학적인 관점에서 현재 일본의 조산사 제도를 검토하였다. 한국과 대만에서는 병원과 의사, 간호사 수의 확대와 함께 조산사의 입지가 줄어들었고 중국에서는 1980년대 이후에야 조산사 프로그램이 부활하였으나 정상분만을 돕는 보조의 역할을 담당한다. 이에 반해 일본은 조산원을 통한 출산이 줄어들었음에도 불구하고 조산사 취업자 수는 꾸준히 증가하였다. 이 글에서는 일본 조산사의 역사를 검토하면서 현재 조산사가 일본의 의료체제에서 어떻게 전문성을 유지하게 되었는지를 분석하였다.

일본의 경우 메이지 유신 이후에 서양의 의료 제도를 채택하면서 조산사 자격시험과 조산사 등록제도를 도입하였다. 일본이 연합국 점령하에 들어가면서 미군은 보건의료기구의 근본적인 개혁을 명령하는데, 48년 '보건사, 조산사, 간호사법'이 시행되면서 조산사는 간호사와 조산사의 자격을 모두 취득해야 했고 동시에 주체적인 의료종사자로 인정받게 되었다. 물론 1960년대 이후에는 일본 역시 다른 나라와 마찬가지로 의사를 중심으로 하는 의료 시스템이 확립되었고 출산에도 의사의 역할이 증대되었다.

그러나 일본의 조산사는 의사와 구분되는 독자적인 영역을 확보하게 되었다. 이들은 의사를 중심으로 하는 계층적 의료 구조에 편입되었으나 의사와 경쟁하지 않는 분야에서 자율성을 높이고, 산모와의 구체적인 소통을 통해 임신과 출산 보조 전문가로서의 영역을 확보하기 위해 노력하였다. 조산사는 기본적으로 의사의 의료지식과 지침에 따르지만, 임산부와의 밀접한 소통과 상담을 통해 모체의 건강관리를 지도하는 역할을 전적으로 맡고 있다. 또한 조산사의 특수한 역할은 정상·자연분만을 권장하는 일본의 문화적 특성과 결합되며 더욱 강화되기도 하였다. 즉 일본의 경우 조산사는 의사와 협력적 관계를 유지하며 자신의 자율적인 전문성을 추구해 왔다고 볼 수 있다.

이와 같이 『역사 속의 산파와 조산사』에서는 중국, 대만, 일본 및 미국의 산파, 조산사의 역사를 중심으로 '출산을 돕는 여성'의 사회적 위치와 역할의 변화를 탐구, 비교하였다. 이를 통해 산파의 역할과 의의를 재조명하며, 출산에 개입했던 다양한 주체들의 욕망과 사회변화를 이해할 수 있을 것이다. 아울러 각 나라나 문화권의 비슷한 듯 다른 출산 의료 관행 및 제도가 나타나게 된 사회적, 문화적, 역사적 배경을 생각해 볼 수 있는 계기가 될 것이다.

이 책이 완성되기까지 경희대학교 인문학연구원 HK+통합의료인문학연구단의 도움과 지지가 있었다. 학술총서가 마무리될 수 있도록 도움을 주신 박윤재 단장님과 일반연구원, 연구교수 선생님들, 학술총서의 편집과 출판을 맡아준 도서출판 모시는사람들의 노고에 감사드린다. 마지막으로 이 학술총서의 기획과 의도에 공감하고 훌륭한 원고를 주신 여러 집필자들께 감사드린다.

2023년 2월
필자들을 대신하여 HK연구교수 최지희 씀

차례

역사 속의 산파와 조산사

또 다른 타자

— 근대 중국의 조산사 단체와 곤경

자오징 (趙婧, 중국 상하이 사회과학원 역사연구소 부연구교수)

1. 머리말: 근대 중국의 조산사 교육

근대 중국의 조산사는 산과 지식을 보급하고 분만위생을 보급하는 중요한 역할을 맡았을 뿐만 아니라, 정부의 부녀-영아 위생계획의 중요한 실천자이기도 하였다. 여성 직업 취업을 격려하는 근대 움직임속에서 민중들은 산부인과를 여성이 선택하기에 가장 적합한 직업의 하나로 보기도 하였다. 상해 위생국 국장을 역임한 산과의사 유송균은 1939년에 조산사 직업과 여성의 관계를 네 가지로 서술하였다. 첫째, 임신과 분만은 여성 특유의 기능으로 남성이 비록 조산(助産)을 할 수 있다고 하더라도 산모가 결코 환영하지 않을 것이다. 둘째, 다른 직업을 학습하는 것은 대개 많은 시간과 비용을 들여야 하지만 조산을 배우는 것은 "비교적 간단하고 쉽게 목표를 달성할 수" 있다. 셋째, 여성에게 있어서 비록 각고의 노력을 기울여 시간과 비용, 정력을 소모해도 결국 중학교원이나 회사직원에 그치게 되며 경제적 수입도 조산사에 미치지 못한다. 넷째, 조산사라는 직업의 성격은 매우 고상하다. 왜냐하면 산모와 신생아의 생명을 모두 그들에게 의지하기 때문이며 그들의 지위와 학문 및 포부는 산파(穩婆, 老娘, 接生婆 등을 가리키며 전통 중국 사회에서 아이 받는 일을 업으로 삼았던 여성)를 능가하기 때문이다.[1] 조산사는 구식 산파에 비해 전혀 다른 새로운 이름이며 신식, 과학을 대표하고 젊은 여성이 종사하는 의학 직업이다. 비록 양자의 기본적인 기능은 모두 산모의 분만을 돕는 것이라는 점에서 동일하지만 의학이나 생물의학의 지식을 숙련했는지의 여부가 양자의 구분선이 된다. 즉 조산사 앞에는 통상 '신식' 두 글자가 붙으며 산파는 '구식'의 무리에 속하게 된다.[2]

19세기 중후기, 중국에 온 기독교 의료 선교사는 각 통상 항구 부근에 병원을 여는 동시에 간단한 간호 지식을 가르쳐서 여성 간호 인력을 육성할 학습반을 개설하였고, 교육 내용 중에는 서양 산과의학과 조산 지식이 포함되었다. 중국의 근대 조산 교육은 민국(1912년 창립) 이후 급속히 발전하였고 특히 상하이, 베이징, 항저우, 광저우 등의 도시에서는 대량의 신식 조산사를 육성하였다. 상하이를 예로 들면 가장 이른 조산학교는 장상문(張湘紋)이 1917년에 창립한 '인화산과학원'(人和産科學院)이 있으며 이후 중덕(中德, 1923), 동덕(同德, 1924), 대덕(大德, 1928), 혜생(惠生, 1929), 생생(生生, 1933) 등의 산과학교가 연이어 설립되었다. 1930년대 중기까지 상하이에는 이미 13곳의 사립조산학교가 있었다.

부영위생[산모와 영아의 위생]과 부국강병은 밀접하게 관련되어 있기

---

1   俞松筠『助産士職業倫理學』(上海:中德醫院出版部, 1939), 2-3쪽.
2   본문에서 사용하는 '산파'라는 단어는 전통 중국에서 아이를 받는 것을 업으로 하는 구식 여성 집단을 말한다. '조산사'는 새롭게 생겨난 조산 집단을 말한다. 전자는 통상 '연로'하고 기본 교육이 결여된 여성들이고, 후자는 신식 직업 교육을 받은 여성들이다. 비록 양자의 영어 단어는 'midwife'(직역하여 산파)로 같지만, 일반적인 중국어 및 본문에서 주로 이야기하는 1920년대에서 1940년대에는 '산파'와 '조산사'가 각종 문헌과 일상생활에서 특별히 지칭하는 대상이 있었다.

때문에, 정부 당국은 조산 교육을 부영위생의 중요내용의 하나로 여겼다. 중국의 산모와 영아사망률을 낮추고 건강한 국민의 탄생을 보장하는 것은 정부가 민중을 이끌고 민족을 부흥시키는 중요한 수단이었다. 조산사의 양성은 바로 산모와 영아사망률을 낮추는 데 중요한 의의가 있었다. 1929년 1월 난징 국민정부(1927년 성립)는 '중앙조산위원회'를 조직·성립하고 의학 전문가와 위생 전문가를 초청하여 위원으로 임명하였다. 그들의 주요 임무는 시범성 조산학교를 세워 조산사 훈련 표준을 제정하고 공립·사립 조산학교를 시찰하는 것이었다. 이러한 배경에서 그 해 11월 국립 제1조산학교가 베이핑(현재의 베이징)에 설립되었고 1933년에는 국립 제2조산학교(즉 중앙조산학교)가 난징에 설립되었다. 각 성에서는 잇달아 성립(省立) 조산학교가 설립되었다. 1940년대 무렵에는 전국의 조산학교가 성립(省立) 15곳, 공립·사립학교가 55곳이 되었고 매년 졸업생이 2000여 명이었다.[3]

2년에서 3년의 교육과정 중 젊은 여성들은 생물의학 교육과 각종 실습과목에 참여하면서 산모와 아이의 행복을 책임진다는 신성한 사명감을 키우고 신식 조산법을 핵심으로 하는 의학 기술을 익혔다. 1935년 7월 국민정부 교육부가 반포한 「고급조산직업학교 잠행통칙 및 과정표준」 규정에서는 조산사의 수업연한을 3년으로 하고 의학 교과과정을 포함하였다. 즉 해부생리학, 세균학, 약물학, 간호학, 구급술, 임상실험학, 산과생리학, 위생학, 육영학(育嬰學) 및 소아과 개요, 부영위생, 부인과, 내과 개요, 외

---

[3] 楊崇瑞, 「中國婦嬰衛生工作之過去與現在」, 『上海中華醫學雜志』第27卷第5期, 1941年, 284-287쪽.

과 개요, 피부과 개요, 산과병리학을 공부하고 각종 의학실습, 특히 수십 차례의 분만 실습을 이수해야 했다.[4]

분만 실습 시 조산사는 먼저 태아가 만삭인지 확인하고 태아의 심음(心音)을 들어 체위를 확인하는 등 산모의 외부 검사를 실시한다. 이후 자궁 입구가 벌어진 정도를 측정하여 분만 진행 정도를 판단하는 내부검사를 한다. 이 과정에서 서양의학의 소독 기술이 산모와 아이를 보호하고 동시에 산모가 제때 힘을 주는 데 도움을 줄 수 있음을 강조하였다. 아이가 나올 때 조산사들은 산모의 회음부를 보호해야 했고, 필요시에 산모를 보조하였다. 아이가 나온 후에 조산사들은 눈에 안약을 넣고 탯줄을 자르고 몸을 씻긴다. 마지막에는 분만 도구를 씻고 분만수속부를 작성한다. 이것은 순조로운 신식 조산법의 전 과정이었고, 통상 학생 간의 분업·협업으로 완성되었으며, 의사나 정식 조산사가 옆에서 감독하였다.[5]

산과의사는 조산사들에게 '독립적인 직업', '풍부한 수입', '많은 사람들을 도울 수 있는' 졸업 후의 원대한 전망을 제시하였다. 정부 위생부의 설계에서 조산사는 산모와 영아 위생의 집행자이고 의학과학의 대리인이었다. 졸업식에서 교장 유송균(俞松筠)은 학생들을 인솔하여 다음처럼 엄숙하게 맹세하게 하였다. "나는 사회에 나가 일함에 있어서 산모와 아이를 위해 봉사하고 위생교육을 선전하고 부도덕한 일을 저지르지 않을 것

---

4 「高級助産職業學校暫行通則」, 『教育部公報』第7卷 第31, 32期, 1935年, 38-40쪽.

5 悟生, 「助産士三部曲」, 『助星』第1期, 1942年, 11-14쪽; 默逸, 「我最快樂的一天」, 『助星醫藥刊』第5期, 1945年, 38-40쪽. 『助星』와 『助星醫藥刊』는 중덕조산학교 교우회가 1940년대에 출판한 잡지로서 조산사들이 산과학상의 각종 문제를 토론하고 의학 상식 및 원리를 설명하며 실습의 경험과 독서방법 등을 교류하였다.

이고 낙태를 돕지 않을 것이다. 이를 어기면 법률의 가장 엄한 제재를 기꺼이 받을 것이다."[6] 그러나 졸업 후 조산사들은 실업의 상황에 처하게 되었다. 조산사의 활동 권역은 대부분 대도시에 집중되었는데, 곧 수적으로 '과잉'되는 추세가 나타나게 되었다. 산과의사 사균수(謝筠壽, 1897-1981)는 조산사의 졸업 후 동태를 조사하였다. 그는 실제 조산사업에 종사하는 사람의 수가 졸업생의 절반에도 미치지 못하는 것을 알게 되었다. 조산학교를 졸업한 여학생들의 길은 대략 네 갈래로 나뉘었다.

첫째, 조산사업에 종사하는 경우로 병원에서 일하거나 농촌에서 개업하였다. 둘째, 간호사, 약제사 등 기타 의약업에 종사하는 경우가 있었고 혹은 의약업과 무관한 업계에 종사하는 경우도 있었다. 셋째, 결혼하여 가정주부가 되는 경우가 있었다. 넷째, 의과대학에 입학하는 경우이다.[7] 대부분의 경우 조산사들에게 신성한 직업의 이상과 현실적인 취업의 어려움은 조화되기 어려운 모순이었다.

2. 조산사와 산파: 분만 조력자의 경쟁

조산사가 마주한 직업에서의 어려움은 구식 산파와의 경쟁에도 일부 원인이 있었다. '산파'는 조산사의 적으로 여겨졌는데, 산파는 대체되고 도태되어야 하는 집단으로 간주되었기 때문이다. 중덕(中德) 조산학교를

---

6 「安全接生之步驟」, 『特寫』第16期, 1937年, 12쪽.
7 謝筠壽, 「二十年來吾對於助産教育之雜感」, 『助星醫藥刊』第3期, 1944年, 3쪽.

졸업한 한 조산사가 장쑤성(江蘇省) 상숙현에서 개업하게 되었는데, 그가 어떻게 다른 조산사들과 함께 노력하여 지역 민중의 신임을 얻었는지를 다음과 같이 이야기하였다.

> 내가 개업하였을 때 현지인의 사상은 여전히 완고하였다. 오늘날에도 그들이 여전히 수많은 오래된 관점을 고수한다고 하더라도, 우리 조산사들이 아이를 받을 때 위생 상식을 주입하고 진심어린 봉사 정신으로 그들을 대하니 사람들도 호감을 갖게 되었다. 특히 수많은 사례를 통해 우리 조산사들이 온파(穩婆. 산파를 의미함)보다 뛰어남을 증명하였다. 그 때문에 주민들은 점차 우리 조산사들의 의견을 쉽게 받아들이게 되었다. 만약 이런 식으로 계속된다면 나는 일년 후 사람들이 아마도 온파(穩婆)를 떠나 우리 쪽으로 오게 되리라고 믿는다. [8]

그러나 또 다른 사람은 1930년대 상하이에서 99퍼센트 이상의 산모가 "훈련을 받지도 않고 자격증도 없는" 산파에게서 분만하였다고도 하였다.[9] 왜 과학의 시대에 분만 조력자 간 경쟁의 승자가 '무식'하고 '수도 없이 사람들을 해친' 산파였을까?

첫째, 비록 조산사는 의학과 과학 지식을 보유한 신 직업 여성의 이미지로 그려졌지만, 학문과 수양이 부족하고, 체력이 약하며, 태도가 교만

---

8   柳聲, 「開業時我將怎樣應付」, 『助星醫藥刊』第2期, 25쪽. 사료의 '掛牌'는 곧 개업했다는 의미이다.

9   心聲, 「穩婆手下的犧牲者」, 『女青年月刊』第13卷 第9期, 1934年, 57-58쪽.

하다는 점을 지적받았다. 사군혜(謝君惠)라는 조산사는 동종업계 조산사에 대해 다음처럼 평가하기도 하였다. "체력이 허약하고 힘든 것을 참을 줄 모르고 학식이 대단하지도 않으면서 이미 안하무인이다."[10] 또 다른 조산사 역시 비슷한 평가를 하였다. "대부분 조산사는 생활이 서구화되었고 스스로를 엘리트라고 자만하고, 모든 면에서 오만하며 사람을 대할 때 태도가 온화하지 않고 책임감이 결여되었다."[11] 어떤 조산사는 아이를 받을 때 "제대로 소독하지 않아" 산모가 산욕열에 걸리기도 하였고, 신생아가 '농루안'(임균성 결막염)에 걸리기도 하였다. 이러한 설명은 새로운 조산 지식을 습득한 조산사의 기술이 뛰어나지 않고 직무에 소홀했다는 것을 보여준다.[12] 사균수(謝筠壽)는 각 학교가 학생들을 모집할 때 체격 요소를 소홀히하지 말 것을 지적하기도 했다. 조산사라는 직업은 학식에도 의존하지만 체력도 중요하기 때문이었다. "무릇 조산(助産)이라는 일은 생리와 병리 사이의 일로서 모자 두 사람의 안위와 관계된 것이다. 때문에 [조산사의] 체격이 건강하지 않다면 안전하겠는가 안전하지 않겠는가? 내가 생각하기에 이후 조산사를 입학시킬 때 마땅히 나이가 조금 더 많고 체격이 강건한 자를 선발해야 한다. 여기에 부합하지 않고 학력만 부합하다면 선발하기에 알맞지 않을 것이다."[13] 즉 의학지식의 습득보다 의덕(醫德)을 갖

---

10 謝君惠,「中國助産士目前所處之環境及其應負之責任」,『上海市惠生助産學校重建新校落成紀念特刊』, 1935年, 7쪽.

11 何本玉,「助産事業與民族前途」,『上海市惠生助産學校重建新校落成紀念特刊』, 1935年, 11쪽.

12 朱增宗,「忠告産科女醫生注意接生時之清潔」,『通問報:耶穌教家庭新聞』第1277期, 1927年, 12쪽.

13 謝筠壽,「再論助産教育」,『助星醫藥刊』第6/7期, 1945年, 6쪽.

추었는지, 조산사 일을 하기에 충분한 체력을 갖추었는지 여부를 중요하게 여긴 것이다.

이에 비해 산파는 비록 근대 생물의학에서 비판 받았던 '타자'이지만 비용이 저렴하고 사회와 밀접한 관련을 맺고 있어 산모와 그 가족에게 환영받는 존재였다. 산파는 고대 여성 직업인 '삼고육파'(三姑六婆)의 하나였다. 고대 남성 의사와 문인들의 글 속에 산파는 '교육 받지 못하고 기술이 떨어지는 노인'으로 묘사되거나, 산모와 그 가족을 교묘한 말과 언변으로 속이거나 대충 얼버무리고 돈을 위해 낙태나 영아 살해 등 부도덕한 일을 일삼는 전형적인 이미지로 묘사되었다. 그러나 역사학자들은 남성 의사가 산파를 공격했던 내용들은 단지 글 속에서만 존재하고 영향력도 제한적이었다는 것을 발견하였다. 기나긴 역사 속에서 산파에 대한 사회의 실제 수요는 항상 존재해 왔다.[14]

산파는 세삼례(洗三禮)를 통해 신생아에게 가정과 사회에서의 위치를 정해 주는 등 출생의례에서 특수한 역할을 담당하였다. 신생아의 세삼례는 보통 출생 후 3일 안에 거행하기 때문에 '세삼'이라고 하였는데, 이러한 의식은 중국의 대다수 지역에서 흔히 볼 수 있다. 예를 들어 강남 지역에서는 '세삼' 의식 때 반드시 상신(床神: 재택신의 하나)에게 제사를 지내야 했다. 상공(床公), 상모(床母) 상을 상 위에 올리고 산파가 종이를 불사른

---

14   費俠莉著, 甄橙主譯, 『繁盛之陰:中國醫學史中的性(960-1665)』, 南京:江蘇人民出版社, 2006年; 梁其姿, 「前近代中國的女性醫療從業者」, 李貞德·梁其姿主編, 『婦女與社會』, 北京: 中國大百科全書出版社, 2005, 358-365쪽. '삼고'(三姑)는 비구니, 도사, 기녀, 무속인을 말하며 '육파'(六婆)는 아파(牙婆, 치아를 치료하는 여성), 매파, 무녀, 기녀, 약파(藥婆), 온파(穩婆)를 말한다.

뒤 홰나무 줄기 삶은 물을 대야에 담고, 옆에는 그릇 하나와 찬물 두 대야를 놓는다. 산모와 가까운 사람들을 침대 앞에 모이게 하여 각종 과일을 대야에 집어넣고 다시 찬물 두 숟가락과 동전 수십 닢을 추가하는데, 이것을 '첨분'(添盆)이라고 한다. 이후 산파가 신생아를 씻기는데 신생아의 탯줄을 배 위에서 돌돌 말아서 불에 태운 명반가루를 바르고 면사로 꽉 동여맨다. 모든 음식은 산파가 가져간다.[15]

양녠췬(楊念群)은 근대 베이징의 산파를 연구하면서 산파의 권위성은 결코 분만시 의료 기술의 숙련도와 경험 등에서 발현되는 것이 아니라, 신생아가 태어난 후 의례를 통해 전체 가정에 평화와 안전의 분위기를 가져다 줄 수 있느냐에 달려 있었다고 지적하였다. 만약 분만 과정에서 실수가 있었다고 하더라도 의식을 통해 보완할 수 있었다. 즉 산파의 사회적 기능은 의료적 기능보다 컸던 것이다.[16] 물론 각 지역의 개별 산파들은 기술과 경험 및 사회적 지위 측면에서 다른 점이 있었으나, 산파는 여성 의료 종사자로서 분만 의식에서 대체할 수 없는 역할을 맡고 있었다. 그 외에도 '남녀유별'의 관념에서 남성 의사에게 여성의 질병 진단과 분만을 청하는 것은 부끄러운 일이었기 때문에 같은 여성, 특히 출산의 경험이 있는 산파는 자연히 도움을 구하는 대상이자 출산을 돕는 조력자로 선택받게 되었다.

20세기에 이르러 서양의학의 산과학 지식은 산파를 공격하는 새로운

---

15 邢莉, 『中國女性民俗文化』, 北京:中國檔案出版社, 1995年, 197-199쪽.
16 楊念群, 『再造病人——中西醫沖突下的空間政治(1832-1985)』, 北京:中國人民大學出版社, 2006年, 139쪽.

무기가 되었고, 생물의학을 이해하지 못하는 산파들은 과학의 시대에 산모와 아이를 죽이는 원흉으로 묘사되었다. 서양의학의 산과학 기준에 의하면 산파는 생리학, 세균학 등의 지식이 결여되었기 때문에 임신생리, 분만 메커니즘, 소독 과정 등을 이해하지 못하여 산모와 신생아의 신체에 돌이킬 수 없는 해를 입히는 존재이며, 그야말로 '백정식'의 출산법으로 소위 '눈 하나 깜짝하지 않고 살인하는 것'이라고 하였다.

> 온파(穩婆)는 한 자루의 칼만 들고 아이가 나오는 곳의 살과 살갗을 아랑곳하지 않고 가로 세로로 난잡하게 자르니, 산모의 고통이 참을 수 없을 정도이다.… 온파는 다시 허리춤에서 약 7촌에서 8촌 정도 되는 저울 고리처럼 생긴 두 개의 쇠 갈고리를 꺼내어 태아의 머리 부분에 걸었다. 갈고리 손잡이의 구멍을 노끈으로 묶고 힘껏 잡아당기며 약 30분 정도 힘을 쓰니 태아가 결국 어떻게든 빠져나왔다.… 온파는 다시 더러운 누더기 천이나 솜으로 산모의 피가 흐르는 곳을 대충 닦는다. 온파는 산모의 피를 닦아내려고 하는 것이지만 산모가 이로 인해 해를 입는 것을 어찌 알 리가 있겠는가?[17]

 이러한 산모·신생아 사망의 이야기는 구식 산파의 위험성을 대중에게 깊이 각인시켰다. 서구 세균학자의 시각에서 산파의 손은 산모를 산욕열에 감염시켜 사망하게 하는 흉수였다. 때가 잔뜩 낀 긴 손톱과 한번도 씻지 않은 것 같은 반지는 산모의 음부에 상처를 내고 세균을 산모의 몸에 전달하기 쉬웠다. 이러한 산파의 손에 대한 묘사는 사람들에게 '불결', '세

---

17 詠覃, 「"殺人不眨眼"的穩婆!」, 『東方小說』第1卷第1期, 1923年, 90-92쪽.

균'을 연상하게 했고 '위생', '소독' 등 근대 의학의 관념과 대비되었다. 소독을 거치지 않은 손은 산파의 악명을 더욱 드러내는 증표였다.[18]

나아가 의학 통계학은 산모·영아사망률 통계를 통해 산파의 위험성을 '실증'하였다. 한 조사에 따르면 분만 중 산모를 사망하게 한 비중이 구식 산파는 65%, 신식 조산사는 약 4%를 차지한다고 밝혔다.[19] 또한 1948년 『중화의학잡지(中華醫學雜志)』의 「우리나라 영아사망률 및 사인의 탐구」라는 글에서는 신·구 조산법과 영아사망률의 관계를 비교했는데, 과학적 통계학을 통해 의사와 조산사를 통한 분만이 구식 산파를 통한 분만보다 영아사망률를 낮추는 데 유리하다는 것을 증명하였다.[20] 비록 현실에서는 조산사의 직업이 산파의 도전을 받았지만 인쇄 매체에서는 끊임없이 산파를 비판하였던 것이다.

둘째, 정부 역시 조산사의 '실패'에 영향을 주었다. 중국의 인구로 인해 구식 산파의 수요는 항상 존재해 왔다. 때문에 난징 국민정부 역시 산파를 신식 조산법으로 훈련시키는 것을 수십년의 과도기 동안의 정책으로 삼았다. 이는 중국의 부녀·아동위생사업의 창시자 양숭서(楊崇瑞, Marion Yang, 1891-1983)가 1920년대에 기초한 부인과 교육 계획의 기본사상 중 하나였다. 서양 산과학 훈련을 받고 시험에 통과한 산파만이 개업할 수 있었는데, 그렇지 않으면 영업 자격증이 취소되었다. 바꾸어 말하면 신식 조산사를 양성하는 동시에 구식 산파를 훈련시켜야 했고 이는 산과 교육

18   王恩覃,「中國穩婆與産褥熱」,『同德醫學』第2卷第3期, 1921年, 21-25쪽.

19   張弓,「中國之母性的保護問題」, 上海『女聲』第1卷第16期, 1933年, 4쪽.

20   程美玉,「我國嬰兒死亡率及其死因之探討」, 上海『中華醫學雜志』第34卷第2期, 1948年, 55쪽.

계획의 양면성이었다.

1920년에서 1940년대까지 산파의 훈련 모델은 대개 다음과 같은 특징이 있었다. 각지 위생 주관 기관으로부터 위탁받은 병원과 의학교, 조산학교들이 훈련반을 개설하고, 훈련시간은 약 1개월에서 6개월이며, 학비는 모두 무료였다. 훈련은 구두수업과 실습 이중으로 하고 산과의사나 조산사(통상 각1 명씩)가 훈련을 담당하였다. '분만시 반드시 필요한 지식'을 배우는데 청결 소독법, 아이 받는 법, 탯줄 자르는 법, 가사상태 신생아 소생법, 산욕기 산모 간호법 등이 포함되었다. 산파는 반드시 조산사의 감독 하에 일정한 횟수의 조산실습에 통과해야 비로소 졸업할 수 있었다. 졸업 후 산파는 여전히 위생부나 정부 기관 조산사의 감독을 받아야 했고, 정기적으로 구두나 서면 보고를 해야 했다. 아울러 산파 본인이 청결한지, 두 손을 소독하였는지 등을 위생원에게 조사 받아야 했다.[21]

그러나 산파 훈련의 성과는 기대에 미치지 못했다. 산파 훈련반은 결석과 중퇴 등의 상황이 보편적으로 있었다. 1934년 전국에 등록된 산파(接生婆)의 수는 4,653명이었는데, 바꾸어 말하면 훈련과 시험을 거치고 정부 기관에 등록한 구식 산파가 겨우 사천여 명에 불과하다는 것이었다. 이것은 당시 사람들이 추산하는 몇만 명 심지어 몇십 만 명이라는 산파의 숫자에 비해 산파훈련의 성과가 매우 제한적이었다는 것을 알 수 있게 한다. 비록 난징 국민정부가 1928년에 1931년 말까지 아직 훈련받지 않거나 불법 영업하는 구식 산파를 대상으로 산파 취체(取締)를 할 계획이었으나, 사실상 정부는 제대로 된 조치를 취하지 않았다. 조산사가 보기에 이는

---

21   姚燦綺,「訓練舊式産婆的困難及改善」, 『醫藥學』第14卷第1期, 1937年, 35-36쪽.

정부의 산파 훈련계획이 실패했으며 정부의 구식 산파에 대한 방임적 태도 때문에 조산사가 분만의 영역을 장악할 수 없다는 것을 증명하는 것이었다.

사실상 정상적인 자연분만만을 받을 수 있다는 제약은 좀 더 근본적인 시각에서 조산사와 산파 간의 복잡한 경쟁관계를 설명해준다. 난징 국민정부가 1928년 공포한 '접생파관리규칙'과 '조산사조례'는 산파와 조산사가 임산부, 산모, 산후조리기의 산모, 태아, 신생아에게 외과 시술과 산과 수술을 집행하는 것을 금지하였고, 단지 소독, 탯줄 제거만을 허용하였다. 즉 두 가지 업무는 모두 정상분만의 범위에만 제한되는 것이었다.

일찍이 상하이 의사공회의 부주석을 맡았던 양의 방경주(龐京周, 1897-1966) 역시 조산사에게 다음처럼 조언하였다. "조산사와 산파는 학술적으로 큰 차이가 있으나 실제 직무에서는 경중의 구분이 없다." 만약 산파의 아이 받는 업무를 모두 조산사가 주관하게 한다면 출산하는 여성이나 그 가정으로서는 "과학의 이익을 누리는 것이 늘어날 것"이지만, 조산사는 다른 특별한 보답을 받을 수 없고 "나라와 국민을 이롭게 하고 희생하는 정신에 뜻을 두어야 한다"고 하였다. 또한 조산사는 산파를 무시해서는 안 되고, 단지 그들을 시대의 낙오자로 여겨 안타깝게 여겨야 하고 의학훈련을 통해 산파를 개조할 수 있다고 하였다.[22]

그러나 조산사의 대부분은 이러한 이치를 모르며, 분수를 모르고 이상만 높은 조산사는 대개 여의사가 될 꿈을 꾼다. 조산사가 받는 고액의 분만비를 고수하면서, 농촌에 내려가 하층 민중에게 봉사하는 것을 거부하

---

22   龐京周, 「今日助産婦之職務」, 『中華衛生雜志』 1931年(二年全集), 566-568쪽.

고, 업종을 바꾸는 자들에게 조산사의 의무란 더욱 말할 것도 없다. "하층의 일은 여전히 산파라고 불리는 자들이 담당하고, [조산사가] 그 일을 대신할 생각은 조금도 없는 것 같다." 그러하니 산파는 영원히 "패배하지 않는 것"이다. 방경주(龐京周)는 아마도 산파를 훈련시키는 것이 조산사를 양성하는 것보다 효과가 좋다고 여긴 듯하다. 만약 양자의 차이가 과학적 의학 훈련으로 보충되어 산파가 소독 기술이 핵심이 되는 신식 조산법을 장악하게 하면 산파는 '금지'될 필요가 없었다.

방경주(龐京周)는 마지막에 다음과 같은 절충안을 제시하였다. 조산학교는 대도시에 개설하지 말고 교육 과정도 수준 높을 필요가 없다. 반드시 조산학생을 양성한다는 직업적 자리매김을 중시해야 하고, 의학교의 예과가 되어서는 안 되며, 조산학교 졸업 후 희생 · 봉사하는 마음으로 하층민을 위해 일해야 한다. 또한 산파를 훈련시켜 상층사회의 분만 업무에 종사하게 할 수도 있다. 생물의학이 막 전개되었던 시기에는 방경주(龐京周)와 같이 구식 산파에게 동정의 입장을 보여준 양의가 결코 많지 않았다. 그러나 그는 조산사의 직업적 곤경을 꿰뚫어본 몇 안 되는 양의의 한 사람이었다.

3. 조산사와 산과의사: 법이 정한 위계와 모호한 경계

정상분만에만 참여할 수 있다는 조건은 조산사와 산부인과 의사 사이의 분업과 종속관계 또한 결정하게 되었다. 근대 중국에서 조산사의 직업적 곤경은 서구 산과의학 내부의 이와 같은 위계제도에서 비롯된 것이기도 하였다. 중국의 산과의사들은 외국의 경험을 비추어 의료 기술과 법률 제도 측면에서 조산사와 산과의사의 위계 관계를 구축하였다.

산전검사를 통해 임신과 분만이 정상인지 판단하고 분만이 임박했을 때 검사를 통해 의사를 청할지 판단함으로써 조산사는 산과의사에 대한 의무를 이행하였고, 양자의 의업 분업 역시 실행되었다. 산전검사의 첫 번째 목적은 산모가 임신 기간 중 의복, 음식, 휴식과 운동, 배설, 피부와 유방 등의 위생 지식을 학습하게 하기 위해서였다. 두 번째 목적은 혈압을 재고 소변을 검사하고 혈액 검사를 하고 생식기에 임병이 있는지를 조사하고 심장, 폐, 치아, 편도체 등의 기관을 조사하고 골반과 태아의 위치 등 상세한 신체검사를 하기 위해서였다.[23] 임신 여부와 임신 기간을 추산하는 것 외에도 산전검사는 임신중독을 예방하고 포상기태와 같은 이상 임신을 적시에 치료하고 태아 위치의 이상이나 골반협착 등의 문제를 미리 해결하여 난산을 면하고 태아와 산모의 사망률을 줄이는 등 임신 중에 발생할 수 있는 여러 가지 문제를 미연에 예방하는 예방의학의 하나로서 매우 중요했다. 일반적인 경우 산전검사를 책임지는 것은 조산사이고 산전검사에서 발견하는 문제를 해결하는 것은 모두 산과의사의 몫이었다.

1928년 난징 국민정부가 정식으로 '부영위생행정'을 시행한 뒤 산과의사와 조산사의 직업 권리는 법령을 통해 확립되었다. 1928년 7월 내무부가 반포한 「조산사조례」에서는 다음처럼 규정하였다. "조산사가 산모, 태아, 신생아에 이상이 있다고 확인하면 반드시 그 가족에게 알려 의사를

---

23   張愛珠, 「孕婦爲什麽需要需要産前檢查」, 『中華健康雜志』 第6卷 第5/6號, 1944年, 17-19쪽.

청하여 진단·치료하게 하고 조산사 스스로 처리해서는 안 된다. 다만 임시 응급처치는 예외로 한다.", "조산사가 산모나 태아, 신생아에 대해 외과시술이나 산과 수술을 집행하는 것을 금지하고 소독과 관장, 탯줄 절단은 예외로 한다."

그러나 조산사는 실직의 위기 앞에서 이러한 위계 관계에 실망과 분노를 느끼고 더 많은 직업적 권리를 쟁취하려고 하였다. 지문(智汶)이라는 조산사는 자신이 5년 동안 종사한 직업에 대해 전체적으로 평가하였는데, 주요 관심사는 조산사와 산과의사 간의 직업적 경계였다. 지문은 조산사가 소득에 있어서도 기타 어떤 의약 기술인보다 낮고 직업 권리도 훨씬 낮다고 하였다. 왜냐하면 법률에 의해 조산사는 일반 주사술을 시행할 권리도 없고, 난산 수술을 할 자격도 없다고 규정되었기 때문이다. 그러나 분만은 생리와 병리 사이에 있으며 산모와 태아의 생사가 일순간에 갈리는 때도 있어 조산사가 난산의 상황에 처했을 때 법에 따라 사람 구하기를 거부할지 수술을 감행하고 사람의 목숨을 구할지는 결정하기 어려운 문제가 되었다.

대도시에는 병원이 있어서 예기치 않은 난산이 발생해도 병원으로 이송할 수 있으며 스스로 책임의 부담을 줄일 수 있다. 하지만 소도시나 시골에서 산모의 피가 멈추지 않는 일이 발생하면 산모를 위험에 처하게 해야 하는가? 혹 산모의 진통이 미약한데 자궁 입구가 완전히 열려 있고 태아의 심음이 좋지 않아 겸자를 사용해야 하는 상황이라면 조산사가 실행해도 되는가? 만약 산모가 태아의 팔 하나만을 낳아 변색되고 악취가 나며 산모가 열이 난다면, 혹은 초기 전치 태반에서 출혈이 멎지 않는다면 산모와 태아가

죽는 것을 가만히 지켜보아야 하는 것인가? 법에 따라 [조산사는] 어떠한 수술도 할 수 없지만 사람이 위험에 처한 것을 보고도 돕지 않으면 그것이 사람이겠는가? 양심의 가책을 받지 않을 수 있을까? 만약 조산사가 수술을 한다면 또한 법령을 위배하게 된다. 소도시나 시골에서는 모두 난산이 있어야 비로소 우리를 찾는다. 만일 시간이 지체되고 운이 나쁘면 법률상 보장받을 수 없다![24]

법률 규정이 의료 행위를 완전히 구속하는 역할을 했던 것은 아니다. 감독 시스템의 부재는 조산사의 '월권' 가능성을 제공하였다. 비록 법률적 허가를 얻지는 않았으나 조산사는 농촌 지역, 소규모 병원 또는 개인의 조산원 등에서 실제 조산 업무에 종사하는 과정에서 원칙적으로 산부인과 의사만 할 수 있는 일을 맡아 하였다. 그러나 조산사가 병원에서 일할 때 반드시 산부인과 의사의 감독을 받아야 하며 직권, 대우, 지위가 의사보다 한 단계 낮았다.

대부분의 경우 조산사는 병원에서 독립적인 의료 인력으로 대우받지 못했다. 병원이 조산사를 모집할 때 조산사는 독립적으로 일하지 못하고 반드시 의사를 보조하여 아이를 받아야 한다고 강조하였다. 한 조산사는 다음처럼 말하였다.

나는 이전에 조산사의 명의로 ○○의원에서 실습을 요청하였는데 그들은 "본 병원은 실습 의사를 써서 분만을 하고 조산사를 사용하지 않을 것이니

24　智汶, 「一個助産士的自白」, 『社會衛生』第1卷第6期, 1945年, 39-42쪽.

여기에서 보고 견학하는 것은 괜찮다."고 대답하였다, 예전에 ○ 의사에게 소개를 요청했는데 그의 대답은 "조산사는 의사의 조산을 도울 수만 있을 뿐 독립적으로 일하지 못한다. 당신은 의사를 돕는 것 외에는 독립적으로 일 할 수 없다"는 것이었다. 당시 나는 그에게 조산사는 산모의 출산을 돕는 것이지 의사의 분만을 돕는 것이 아닌데 왜 독립적으로 일하지 못하는지를 되물었다. 하지만 결국 묵묵히 고개를 저을 수 밖에 없었다. 그렇다면 조산사는 일반인의 마음속에서 어떤 위치를 차지하고 있었을까?[25]

이에 비추어 보았을 때, 개업은 조산사가 병원에서 느낀 실망에서 벗어날 가장 좋은 길이었다. 개업이야말로 조산사 직업의 신성성을 실현하고 조산사 자신의 의학 기술을 보여줄 최선의 길이었다. 20세기 전반기 중국 의료 체계는 아직 완비되지 않았고, 환자의 의학 분업에 대한 인식 역시 모호했다. 이런 상황은 조산사와 산과의사 간의 경계를 모호하게 만들었다. 만약 조산사가 작은 규모의 병원에서 일한다면 수술과 정맥주사 등의 일은 모두 자신 스스로 처리해야 했다. 만약 시골에서 개업한다면 조산사의 의료적 업무는 더욱 번잡해질 것이고, 농촌의 사람들은 조산사와 의사의 차이를 이해할 방법이 없었을 것이다. 더욱이 이런 지역에는 정규 의사 자체가 없었다.[26]

비록 상하이는 의료 체계가 비교적 완비된 도시였지만 이곳에서도 환자나 그 가족은 조산사와 산과의사의 직업 권한의 차이를 구분하기 힘들

25   露得,「出路的開拓」,『助星醫藥刊』第4期, 1944年, 36쪽.
26   許淸和,「再見的時候」,『助星醫藥刊』第4期, 1944年, 34쪽.

었다. 이것은 아마도 조산사를 가리키는 다양한 호칭과도 관련이 있을 것이다. '산부인과 아가씨', '산부인과 여자의사' 등은 20세기 30~40년대 신문잡지나 정부 기관 문서에서 등장하는데, 이러한 문헌/글의 저자들은 당시 대중이 조산사집단을 어떻게 인식하고 있었는지를 보여준다. 젊은 여성이 신식 조산법을 배워 병원에서 일하면서 외부로 나가 아이를 받기도 했다. 특히 이러한 독립적으로 혼자서 조산을 하는 조산사에게 주어졌던 '여의사'라는 호칭과 조산사에 대한 감독과 평가가 실제로 이루어 않았던 현실적 한계는 조산사와 산과의사 사이의 경계와 위계적 관계를 더욱 모호하게 만들었다. 일부 조산사의 개업 광고에서는 심지어 뛰어난 수술 실력으로 고객을 끌어모으기도 했다.

> 본 시의 시립의원 부설의 조산학교의 우수한 졸업생 장덕생, 이첨진 두 여성은 어린아이와 산모를 해치고 분쟁을 일으키는 중국의 구식 조산의 위험성을 거울로 삼고 경계하였다. 장, 이 두 사람은 사회 봉사에 뜻을 두고 특히 상하이 시 세 지역에서 연합하여 조산 업무를 실시한다. 이들의 수술 실력은 뛰어나고 비용이 저렴하며 특히 빈곤 대중에게는 무료를 원칙으로 한다고 한다.[27]

의사들의 글에서도 조산사들이 실제로 산과의사들의 역할을 대신하였다는 것을 증명하였다. 이들의 월권 행위는 보편적으로 존재했으며 위험도 따랐다. 1936년 제4차 전국 의사대회에서 절강성 은현(鄞縣)의 의사협

---

27   「廣告」, 天津『大公報』, 1936.07.27.

회에서는 '조산사의 의사 업무 집행의 엄금 방안'이라는 안건을 제시하였다. 이 안건에서는 많은 조산사들이 조산사 조례의 규정을 위반하며 마취술, 산과수술을 할 뿐만 아니라 심지어 산과의 범위를 넘어 의사의 신분으로 내과, 외과, 부인과 등의 병을 처리하는 경우도 있음을 지적하였다. 그러나 대중은 이러한 '여의사'의 진짜 신분이 무엇인지도 모르고 정부 기관도 조산사의 월권 행위에 대해서 수수방관이었다.[28] 조산사는 산과의사와 외과의사의 영역을 침해하였을 뿐만 아니라 기타 다른 영역의 의료도 자신들의 업무에 포함시켰고, 이는 대부분의 양의의 이권을 침범하는 것이었다. 이 때문에 의사협회에서는 조산사에 대한 정부의 처벌과 제재를 강력히 요구하였다.

또 다른 예로 1942년 광동성 위생당국은 조산사가 의사를 사칭하는 것을 강력히 금지하는 명령을 내렸다; "[조산사들은] 교묘하게 여의사, 여성 양의, 산과의사 등의 이름을 갖다 붙이고 법이 정한 명칭을 위반할 뿐만 아니라, 사회의 이목을 혼란하게 만들어 민중의 건강을 해친다."[29] 이러한 두 가지 사례에서는 민중이 양의 산과의사를 선택할때 고려하는 것은 의사의 성별이었으며, 의료에서의 분업여부는 고려대상이 아니었다는 점을 보여준다. 특히 여성 환자의 경우 여성 의사나 조산사를 찾아 진료받기를 원하지 의사나 조산사의 신분이나 직업권을 고려하지는 않았던 것이다.

산과의사 중에는 조산사의 직업권 범위에 대해 관용적인 태도를 보이는 사람도 있었다. 조산사의 실업과 '과잉'이라는 직업적 곤경에 대해서

---

28   「嚴禁助産士執行醫師業務案」, 『醫事彙刊』第8卷第1期, 1936年, 69-70쪽.
29   「通敕嚴禁助産士冒稱醫師或巧立各科名目以維規章」, 『廣東衛生』第31期, 1942年, 6쪽.

산과의사 양원길(楊元吉)은 조산사 직업 범위의 융통성을 사회에 호소하기도 하였다. 조산사의 직업적 지위는 의사의 아래와 간호사의 위 사이에 있어 비록 "높은 곳은 바라볼 수 없고 낮은 것은 눈에 차지 않은" 애매한 위치에 있지만 각자가 쓰임이 있고 장점이 있다는 것이었다. 그러나 양원길은 이에 대한 구체적인 의견이나 방안을 제시하지는 않았다.[30]

산과의사 구소형(瞿紹衡, 1888-1960)은 조산사의 '월권' 행위에 동정을 표시하기도 했다, 동시에 그는 법률에 조산사의 직업 권리에 대한 규정이 '유연'하기를 바라기도 하였다. 1943년 9월 난징 국민정부는 「조산사법」을 발표하였는데 그중 조산사의 수술에 대한 제한은 기본적으로 1928년 「조산사조례」의 규정을 따른 것이었다. 구소형은 「조산사법」의 제 9, 10조에 나타난 '구급조치'의 개념을 어떻게 규정할 것인지 이의를 제기했는데 이를 통해 조산사가 더 많은 직업 권리를 쟁취하기 위함이었다.

첫째, 중국의 땅이 넓고 인구가 많으니 당시의 의사·조산사 숫자로는 여성분만의 의료 수요를 감당할 수 없었다. 산간벽지에는 의사가 없었고 야간 분만 시에는 교통이 불편했다. 조산사의 장점은 곧 이러한 문제를 해결할 수 있었으니, 그들은 현대 의학 기술을 갖추고 있었고 숫자도 의과대학생보다 많았으며 언제든지 나가서 아이를 받을 수 있었다. 이러한 점에서 조산사는 산과의사에 비해 광대한 지역의 산모들에게 더욱 유용할 수 있다. 그러나 법률 조항은 도리어 조산사의 독립적인 활동 가능성을 제한하니 이러한 장점이 발휘될 수 없게 한다. 이는 중국의 의료 현실과 현격히 저촉되는 것이다.

---

30 楊元吉, 「助産士之任務與發展」, 『社會衛生』第2卷第2期, 1946年, 7-8쪽.

둘째, 근 30여 년의 발전을 통해 중국의 조산 교육의 수준이 이미 크게 성장하였다. 예를 들어 조산사 학교의 입학자 수준이 소학교 졸업자에서 초중졸업자로 바뀌었고 수학 기간이 2년에서 3년으로 증가하였다. 또한 산과학교 교육과정에서도 제2, 3학기는 매주 3시간씩 1년 동안의 산과 실습이 있다. 그러나 교육부가 규정한 의학원의 산과학 교과과정은 단지 1년, 매주 2시간에 불과하니 수업 시간에서도 고급 조산학교에 미치지 못하고 산과 실습 기회도 더욱 부족하였다. 이 때문에 조산사의 산과 지식과 기능은 "보통의 의사들의 지식"에 부족함이 없었다. 서구 각국의 조산사 관리 방식으로 중국의 조산사의 직업권한을 규정하는 것은 더 이상 맞지 않다고 보았다.

셋째, 1943년 「조산사법」에서 규정한 '구급처치'의 범위를 확정하기 어렵다. 수많은 분만 구급처치는 수술을 포함하는데 만약 조산사가 구급처치의 의무를 다하려면 필연적으로 외과, 산과 수술을 하지 않아야 한다는 규정을 어겨야 한다. 이것은 명백한 모순이고 나아가 조산사의 딜레마를 초래한다. 만약 조산사가 수수방관하고 좌시하여 산모를 구하지 않는다면 법으로 자기 변호를 할 수 있으나, 만약 구급 활동을 하다가 의외의 사고가 발생하면 산모는 법률로 조산사에게 책임을 묻게 되니 결국 의료분쟁이 일어나기 쉽게 된다고 보았다.[31]

이상과 같이 구소형(瞿紹衡)은 고급조산학교에서 배출한 조산사가 이미 산과의사의 자격을 갖추었기 때문에 독립개업이 가능하다고 여겼다.

---

31 瞿紹衡, 「對於助産士法第九條第十條應予修正之建議」, 『助星醫藥刊』 第6/7期, 1945年, 3-4쪽.

그는 정부가 속히 육성해야 하는 것은 수많은 하급 조산사들이며 보통 조산학교를 설립하여 학제는 1년이나 2년으로 해야 하고, 수학 연한이 다른 조산사들은 수술 권한을 다르게 규정해야 한다고 주장하였다. 그러나 구소형의 이와 같은 건의는 받아들여지지 않았다. 1950년대 이후 여러 가지 역사적 이유로 인해 중국의 조산사들은 점차 쇠락하게 되었다.[32]

4. 맺음말

Gail Hershatter는 1950년대 중국 산시성(陝西省)의 농촌 조산원의 역사에 대해 다음처럼 말한 바 있다. "구식 산파는 항상 폄하된 타자였는데 근대 의학의 실천은 바로 이러한 타자의 정반대 모습으로 자신을 규정하였다."[33] 이러한 관점은 20세기 전반기의 중국에도 적용된다. 서양의학은 '선진'과 '과학'의 이름으로 신·구 조산사 간의 뚜렷한 경계를 만들었다. 서양의학의 산과학은 새로운 '증거'를 제공하여 산파가 조산업을 하기에 낙후되고 믿을 수 없으며 산모와 아이를 해칠 수 있다는 것을 증명하였다. 조산사는 과학의 대변인이 되었다.[34] 그러나 조산사는 과학이 결코 연

32 王瀛培,「新中國成立初期上海助産士的式微及其原因(1949-1966)」,『婦女研究論叢』第2期, 2020年.

33 賀蕭,「生育的故事: 1950年代中國農村接生員」, 王政, 陳雁主編,『百年中國女權思潮研究』, 上海: 復旦大學出版社, 2005年, 308쪽.

34 산과 의료 영역에서 서양의학 지식 체계가 확립된 것은 지식과 기술의 '선진성'에 의해서가 아니라 사회와 문화 등의 다양한 요소가 함께 작용한 결과이다. 章梅芳, 李戈,「民國時期北京産科接生群體的規訓與形象建構(1912-1937)」,『北京科技大學學報』(社

로한 적수를 '이기는 것'을 보장할 수 없음을 깨닫게 되었다. 오히려 조산사는 분만의 조력자 경쟁에서 불리한 위치에 있었다.

우선 조산사는 조산학교에서 2, 3년의 시간 동안 귀중한 시간과 돈을 낭비하여 얻은 지식과 기술이 너무 얕고 사용할 곳이 없다는 것을 어쩔 수 없이 인정하게 되었다. 그들의 이미지는 단지 의학 기술이 부족하고 태도가 오만한 '산과 아가씨'에 불과했으며 산모나 그 가족의 신임을 얻지 못하여 실업의 위기에 직면하였다. 둘째, 산파는 분만 의식의 주재, 저렴한 가격으로 여전히 사회와 긴밀한 관계를 유지하고 있었다. 비록 정부는 항상 구식 산파를 비판하였을지라도 산파 단속의 목소리가 행동으로 전환되지는 못하였다. 정부의 방임 정책은 재정과 인력 등 실제 집행력의 부족이라는 측면으로 설명할 수 있으나, 더 중요한 것은 신식 접생법으로 산파를 훈련한다는 이념이 결국 산파와 조산사의 경계를 모호하게 하였다는 것이다. 방경주(龐京周)가 "양자는 학술상 고·저의 차이가 있지만 직무상으로는 실제 경중의 차이가 없다."고 했던 것처럼 산파의 조산 기술의 부족함은 훈련을 통해 보충할 수 있었던 것이다. 그 외에 분만 행위 자체도 단순히 생리적 사건이 아니라 일종의 사회적 행위로서 산파 및 그들의 역할을 사회 네트워크와 지방의 습속에서 이해해야 한다.

조산사와 산과의사의 동맹 관계 역시 완고하지 않았다. 산과의사는 의료 기술과 법률제도 등의 측면에서 양자간의 위계 관계를 구축하였고, 조산사의 지도와 감독을 맡았다. 산과의사가 외국의 경험을 참고했기 때문에 조산사는 단지 정상분만을 맡거나 의사의 분만을 보조하는 역할로 권

會科學版) 2015年 第5期 참고.

한이 제한되었고, 이는 직업 발전의 또 다른 걸림돌이 되었다. 국가는 신흥 양의 직업 집단(산과의사와 조산사)을 위해 조산업무를 독점할 수 있는 가능성을 제공하였는데, 바로 자격증 제도이다. 그러나 조산사 입장에서 자격증 제도는 양날의 검이었다. 의학 담론과 정치 담론에서는 조산사의 산파에 대한 우선권을 보장하였으나 조산사의 직업적 권한 역시 정상분만의 범위로 제한된 것이다. 본문에서 조산사의 산파에 대한 비판과 직업 권한 제약에 대한 불만은 이상과 현실 사이의 격차를 어느 정도 확인시켜주며, 근대 중국 조산사의 직업적 위치의 난처함을 보여주기도 한다.

비록 몇몇 산과의사가 조산사의 직권 제약의 완화를 정부에 호소하기도 했으나, 대부분의 경우 조산사는 여전히 산과의사의 조수로 간주되어, 수술을 집행하거나 단독으로 아이를 받지 못했다. 조산사의 직업권 제한을 완화하라는 건의는 법률 제정자나 정부에게 수용되지 못했고, 조산사의 직업 권리는 여전히 법률과 교육제도의 속박을 받았다. 물론 조산사들역시 현실에서 (능동, 수동적으로) '월권'의 모험을 하며 산과의사의 역할을 대신하기도 하였다. 조산사는 자신들이 신·구의 진영에서 자리를 잡지 못한 '또 다른 타자'가 되었다는 것을 발견했다. 조산사의 직업적 곤경은 어떤 면에서 중국에서의 근대 생물의학 발전 과정 중에 나타났던 복잡한 측면의 하나라고 볼 수 있다.

중국의 산파 이미지의
역사적 변천*

유연실 (목포대학교 사학과 조교수)
최지희 (경희대학교 인문학연구원 HK+통합의료인문학연구단 HK연구교수)

* 이 글은 경희대학교 인문학연구원 『인문학연구』 53호에 실린 논문을 수정 · 보완한 것
이다.

1. 머리말

　중국 사회에는 고대부터 '아이 받는 일을 전문으로 하는 자'가 나타났고 대개 여성이 이러한 역할을 수행했다. 특히 아들을 낳아 대를 잇는 것(전종접대:傳宗接代)을 중시했기 때문에 여성의 건강한 출산은 물론 '아이를 받는 여성'의 역할이 많은 관심을 받아 왔다. 그런데 산파는 이러한 중요한 역할을 수행했음에도 불구하고 남성 의사와 문인들에게 의료 지식과 의료 기술이 열등하고 부도덕한 존재로 평가되기도 하였다. 특히 명청대에는 사대부 엘리트 계층과 '유의'(儒醫)로 대표되는 남성 의사들이 산파를 출산 과정에 인위적으로 개입하여 난산을 초래하는 존재로 묘사하기도 했다. 그러나 산파는 남성 의사들이 제공할 수 없는 의료 서비스를 여성에게 제공하면서 분만과 출산 의례의 영역에서 전문적인 역할을 수행했다. 특히 산파는 가정 내 여성들 및 산모와 유대관계를 맺으며 각종 출산 의례에 참여하고 아이의 건강과 행운을 빌어주는 중요한 존재였다.[1]

1　1980~90년대 이후 여성사에 대한 관심이 증가하면서 점차 임신, 출산과 산파 연구가 나타나기 시작했다. 이러한 관심이 자연스레 '중국의 산파'에 대한 연구로 이어졌다. 그

즉 산파는 주류 사회에서 비판받으면서도 사회적으로는 인정받는 이중적인 존재였다고 할 수 있다.

청 말 아편전쟁 이후, 중국에 서양의학이 소개되고 '위생'이 중요한 화두로 떠오르면서, 산파의 사회적 위치와 이미지에는 많은 변화가 나타나게 되었다. 19세기 말 20세기 초 중국 사회에서 근대적 '위생'이 중요한 가치가 되고, 동아병부(東亞病夫)를 '건강한 중국인', '강종'(强種)으로 만들어야 한다는 목소리가 높아지면서, 여성의 출산이 주목을 받게 되었다. 동시에 근대 중국의 지식인들이 서양의 근대 산과의학을 접하고 산과의사와 조산사가 중국 사회에 등장한 이후에 기존의 전통적인 산파는 '구식 산파'가 되었고 중의 지식을 기반으로 하는 출산 기술과 지식은 '구식 출산법'이 되었다. 곧 구식 산파와 구식 출산법은 개조되어야 하는 대상이 되었다. 민국 시기의 정부는 '산파취체'(産婆取締)를 통해 구식 산파를 단속하는 한편, '접생파강습소', '산파강습소', '산파보습소' 등의 단기 학교를 각지에 만들어 산파들에게 소독법과 기본적인 서양 산과 지식을 교육시켰다. 이러한 '산파 개조' 교육과 학교의 궁극적인 목표는 '구식 산파'와 '구식 분만법'을 도태시키는 것이었다.[2]

중 근대 이전 중국의 전통 산파에 대한 대표적인 연구는 다음과 같다. Charlotte Furth, "Concepts of Pregnancy, Childbirth and Infancy in Ch'ing Dynasty China," *Jornal of Asian Studies* 46.1,Feb., 1987"; Wu, yili, "Transmitted Secret: The Doctors of the Lower Yangzi Region and Popular Gynecology in Late Imperial China," Ph.D.diss., Yale University, 1998.; *Reproducing Women:Medicine, Metaphor, and Childbirth in Late Imperial China*, Berkeley: University of California press, 2010.; 梁其姿,「前近代中國的女性醫療從業者」,『面對疾病』, 北京:中國人民大學出版社, 2012.

2 衣若蘭,『三姑六婆:明代婦女與社會的探索』, 台北:稻香出版社, 2002; 楊念群,『再造"病人": 中西醫沖突下的空間政治(1832-1985)』, 北京:中國人民大學出版社.; 周春燕『女體與

기존의 연구를 통해 청말·민국시대의 정치 변화와 강종, 위생과 같은 새로운 가치의 확산이 산파들의 사회적 위치와 역할에 직간접적인 영향을 미쳤다는 것을 확인할 수 있었다. 그런데 주로 정치와 행정, 혹은 지식인들의 논의를 중심으로 하였기 때문에 광범위한 대중이 산파를 어떻게 인식하였는지에 대해서는 더 살펴볼 여지가 있다. 당시 중국의 신문매체에는 구식 산파의 문제를 지적하고 산파 개조의 필요성을 호소하는 주장과 선전이 대거 등장하였다. 특히 대중을 계몽하기 위해 이해하기 쉬운 말과 그림으로 표현된 화보(畫報)에 구식 산파의 부정적인 이미지가 부각되는 것을 확인할 수 있다. 화보는 청 말, 민국 초기에 성행했던 매체이며 삽화와 간단한 글을 통해 대중에게 흥미로운 소식과 새로운 지식, 시사(時事) 등을 전달하였고 때로는 대중 계몽이라는 목적의식을 가지고 있었다. 특히 그림이라는 매개가 가지는 특성상 화보는 교육 수준이 낮은 대중, 예를 들어 비도시인, 하층 노동자, 여성, 아동 등을 대상으로 하는 계몽적인 내용이 상당 부분을 차지했다.[3] 이러한 매체에서 묘사했던 산파들의 이미지는 대중에게 어떤 메시지를 전달하고 있었고, 기존의 부정적인

國族: 強國強種與近代中國的婦女衛生(1895-1949)』, 台北:國立政治大學歷史學系, 2010.; 趙婧, 「近代上海的分娩衛生研究(1927-1949)」, 復旦大學博士學位論文, 2009.; 「助產士與中國近代的分娩衛生」, 『醫學與哲學(人文社會醫學版)』 31-3, 2010.; 張璐, 「近世穩婆群體的形成建構與社會文化變遷」, 南開大學博士學位論文, 2013. 국내에서는 중국의 근대 위생행정과 산아제한 등의 연구에서 산파를 다루었다. 신규환, 「조산사(助産士)의 제도화와 근대적 생육관리- 1930년대 북평시 정부의 위생행정과 출생통제」, 『중국사연구』 42, 2006.; 유연실, 「민국시기(民國時期)여성 지식인의 산아제한 인식과 피임의 실천」, 『중국사연구』 73, 2011.

3 최지희, 「청대 사회의 용의(庸醫) 문제 인식과 청말의 변화」, 『의사학』 28-1, 2019. 221-222쪽.

이미지와 어떤 면에서 차이가 있을까? 나아가 근대 매체에서 생산하는 전통 산파의 부정적인 이미지와 실제 대중이 생각하는 산파의 이미지는 어떠했을까? 이 글에서는 중국 역사상 산파의 이미지 변천을 검토하기 위해서 아이를 낳는 일을 전문적으로 담당했던 좌파, 수생파 등의 전문 여성 직업인의 명칭이 역사적으로 문헌에 등장하는 송대부터 서구식 산과 의료의 수용으로 조산사가 양성되는 1930년대까지를 연구의 범위로 정하였다. 전통시대 산파의 이미지가 어떤 영향을 받아서 형성되어 왔으며, 근대 이후 신문, 화보와 같이 일반 대중을 대상으로 하는 근대 매체에서 산파의 이미지가 생산·구축되는 측면과 이러한 이미지가 대중에게 미쳤던 영향과 결과를 생각해 보려고 한다.

2. 전통 시대 중국 사회의 산파 인식

전통적으로 출산은 의료적 개입이 필요한 병리적 과정은 아니지만, 생사를 다투는 위험한 순간으로 여겨졌다. 예를 들어 중국에는 "출산은 생사의 갈림길에 서는 것이다(在鬼門關走一遭)"라거나, "한 발은 관속에 넣고, 다른 한 발은 관 밖에 두는 것이다(一只腳在棺材裏, 一只腳在棺材外)"라는 속담이 있을 정도로 출산을 죽음과 결부된 '두려움'과 '위기'의 순간으로 인식하였다. 이와 같은 인식은 중의(中醫)들이 지은 산과의서(産科醫書)에도 동일하게 나타나는데, 당 후기(A.D. 897)에 주정(周鋌)이 『산보(産寶)』를 중보해서 만든 『경효산보(經效産寶)』[4]의 「서문」에서는 출산의 위험을 다음과 같이 묘사하였다.

> 내가 들은 것에 의하면, 지극히 영험한 것이 사람이며, 가장 중요한 것은 목숨이다. 사람은 모두 목숨이 중요한 것을 알지만 목숨을 기르는 방법을 몰라 타고난 수명을 누리지 못하고 병이 들고 목숨을 잃게 된다. 탄식할 일이로다! 세상에는 좋은 의사의 저술이 없고 위급한 상황에서 다급하게 의사를 찾지만 잘못 치료하는 경우가 많다. 의료 중에서 난산은 가장 위급한 것으로 아이와 어머니의 목숨이 경각에 달린 것이다. … 아! 사람의 출산은 사소한 일이 아닌데 의사(醫者)가 재물을 꾀하고, 가난한 사람을 업신여겨 죽음에 이르게 한다면 이것은 의사가 사람을 죽일 수 있는 이치가 거듭 분명해지는 것이다.[5]

---

4 중국 당나라 구은(咎殷)이 唐 宣宗 大中 6년(A.D. 852)에 『産寶』(또는 『經效産寶』라고도 불림)를 편찬하였는데, 이는 중국 의학사 가운데 최초의 산과 문헌이다. 원서에는 52편론(篇論)과 371방(方)이 실려 있으나 현재 남아 있는 판본에는 41편론과 374방만 실려있다. 卷上에는 妊娠病12論, 産難4論, 包括安胎, 食忌, 惡阻, 漏胞下血, 身腫腹脹, 胎衣不下 등과 같은 임신 잡병과 난산에 관한 내용이 담겨 있다. 卷中과 下에는 産後 25論 등 산후의 각종 질병과 이에 대한 예방과 치료법이 담겨 있다. 다만 『産寶』가 유실되어 민간에서 구할 수 없는 것을 안타까워한 주정(周頲)이 唐 昭宗 建寧 4년(A.D.897)에 『經效産寶』를 증보하여 출간하였는데, 이를 『經效産寶續編』이라고 한다. 속편에는 周頲이 전수한 『濟急方論』, 李師聖의 『施郭稽中論』 21편, 『産後十八論』 등이 담겨 있다 (https://baike.baidu.com/item/%E7%BB%8F%E6%95%88%E4%BA%A7%E5%AE%9D/8454657?fr=aladdin).

5 「産寶方」周頲序第一(김동일·오수석·이태균 역, 진자명 저, 『婦人大全良方』 제16권 坐月門, 광신출판사, 2003), 623쪽.

이처럼 주정은 출산을 질병으로 보지는 않았으나 난산에 직면하면 산모와 태아가 목숨을 잃게 되는 위급한 상황이 발생하기 때문에 늘 주의를 기울어야 한다고 경고하고 있다. 『경효산보』는 난산과 같은 위급한 순간에 의사가 '치료를 잘못하거나', '재물을 탐하고', '가난한 사람을 업신여겨 죽음에 이르게 하는' 행위를 비난하며, 의사가 전문적 의료 지식과 더불어 도덕성도 함께 겸비해야 한다고 강조하였다. 그런데 여기에서 주정(周頲)은 '의사'(醫者)를 남성과 여성으로 구분하지 않았으며 그의 글에서는 출산을 전문적으로 전담하는 의료인이 중국 사회에 존재했는지가 분명하지 않다. 이후 852년 재간(再刊)된 잠은(昝殷)의 『경효산보(經效産寶)』에는 "태아를 분만한 후 태반이 잘 나오지 않는(胞衣不出)" 상황에서 '출산 시에 태아가 나오는 것을 지켜보는 사람(産時看生人)'이 "경솔하게 탯줄을 잡아 당겨서 끊어 버리면, 태반이 심장을 엄습하여 요절한다"[6]는 문구가 있다. '출산 시에 태아가 나오는 것을 지켜보는 사람'이라는 호칭으로 미루어 볼 때, 분만을 담당하는 사람의 모습은 성별이나 전문성에 대한 제한이 없이 매우 추상적이고 모호하였다고 볼 수 있다.[7] 이를 통해서 출산 혹은 난산에 대한 의료 개입의 필요성은 이미 당대(唐代)부터 있었지만, 이 과정을 전문적으로 담당하는 의료인 혹은 산파와 같은 여성 의료인이 존재했던 것은 아니었음을 유추할 수 있다.

그렇다면 산파 혹은 출산을 담당하는 의료인이 등장한 것은 대략 언제

---

6 昝殷, 『經效産寶』 券上, 『中國醫學大成』 第28冊, 上海: 上海科學出版社, 1990, 21쪽.
7 梁其姿, 「前近代中國的女性醫療從業者」, 『面對疾病』, 北京: 中國人民大學出版社, 2012, 196쪽.

부터라고 추측할 수 있을까? 북송대 양자건(楊子建)은 『십산론(十産論)』에서 출산을 담당하는 사람을 '아이를 받는 사람(收生之人)'과 '분만을 지켜보는 사람(看生之人)'으로 지칭하였다. 양자건은 '아이를 받는 사람'이 진통의 신호를 잘못 판단해서 가진통의 시기에 함부로 산모에게 힘을 주게 할 경우 발묘조장(拔苗助長)의 위험이 있음을 경고하였다.[8] 또한 '태아가 한쪽으로 치우쳐 출산이 어려운(偏産)' 위험한 순간에 '분만을 지켜보는 사람(看生之人)'이 "솜옷을 따뜻하게 하여 손을 싸서 급히 항문 가장자리를 부드럽게 밀어서 아이의 머리가 바르게 되도록 한 다음 곧 산모가 힘을 주게 하여 아이가 태어나도록 하면" 안전하다고 하였다. 그러나 "분만을 지켜보는 사람의 솜씨가 좋지 않으면 함부로 손을 쓰다가 사람의 목숨을 상하게 할 수도 있다"[9]고 경고하였다. 이외에도 북송(北宋) 관원 곽무순(郭茂恂)이 희녕(熙寧, 1068-1077) 초기에 복상(濮上) 지역에서 일할 때 호씨(胡氏)성의 '욕의'(蓐醫)에게 산후의 여러 질환을 치료해주는 흑룡단(黑龍丹) 처방을 전수받아, 이를 복용한 수많은 여성이 산후 질환에서 벗어날 수 있었다고 고백하였다.[10] 이 기록을 통해 '욕의'가 출산과 관련된 의사를 뜻하며 산과 질환을 예방하는 비방을 직접 제조하고 배포하는 전문성을 가졌다는 것을 유추할 수는 있지만, 구체적 성별이나 역할에 대해서는 명확히 파악하기 힘들다. 또한 곽무순은 분만할 때 오로만 잘 제거해도 산후 질환에 걸

---

8   楊子建, 『十産論』 第二, 『婦人大全良方』 제17권 産難門, 광신출판사, 2003, 654쪽.
9   楊子建, 『十産論』 第二, 『婦人大全良方』 제17권 産難門, 광신출판사, 2003, 655-656쪽.
10 「産後通用方論」 第三, 『婦人大全良方』 제19권 産後門, 광신출판사, 2003, 690쪽. 여기서 '욕의'(蓐醫)라는 명칭은 출산을 담당하는 산과의사를 지칭하는데, 여성이 출산 시 까는 깔개나 멍석을 '좌초'(坐草) 혹은 '좌욕'(坐蓐)이라고 불렀던 것에서 유래하였다. '좌초'(坐草) 혹은 '좌욕'(坐蓐) 자체가 임산(臨産)과 출산의 의미로 통용되기도 한다.

리지 않는다고 말하며 "이러한 이치를 잘 익히지 않으면, 노온(老媼)과 엉터리 의사(庸醫)가 병을 정확하게 치료하지 못하여… 열 명 중 여덟 아홉은 사망하게 된다"[11]고 하였다. 곽무순(郭茂恂)은 '노온'(老媼), 즉 늙은 여성을 출산을 담당하는 자로 지칭하고 있는데, 이를 통해 나이 들고 경험 많은 여성이 점차 분만의 조력자로 등장하였음을 짐작할 수 있으나, 출산을 담당하는 자의 특정한 이미지가 아직 굳어지지 않았고 모호했던 것으로 보인다. 다만 분만을 집행하는 사람이 분만을 처리하는 솜씨가 정교하지 못하여 산모와 아이를 죽음에 이르게 하는 불상사가 지속해서 발생하는 것에 대한 우려와 불만이 항상 있었고, 분만을 돕는 사람이 난산이나 산후 질환을 처리할 수 있는 의료 지식과 기술을 갖추어야 한다는 인식이 늘어났음을 알 수 있다. 그리고 분만을 집행하는 사람을 '노온'(老媼) 즉 경험있고 나이 든 여성으로 삼아야 한다는 성별 의식이 점차 형성되었음을 엿볼 수 있다.

산파의 등장이 좀 더 명확해지는 시기는 남송(南宋) 시기로, 진자명(陳自明)의 『부인대전양방(婦人大全良方)』에서는 출산을 담당하는 여성을 '생파'(生婆)와 '좌파'(坐婆)라고 불렀다. 그는 산파의 역할을 다음과 같이 논하였다.

분만을 느끼면 두려워 소리지르지 않도록 한다. 사람들이 뒤섞여 어지럽게 하고 크고 작은 일에 혼란하고 당황하면 산모를 놀라게 하고 동요하게 한다. 미리 나이가 많고 경험이 많으며 숙련된 생파(生婆) 한 사람을 선택하

11 「産後通用方論」第三, 『婦人大全良方』 제19권 産後門, 광신출판사, 2003, 691쪽.

고, 아울러 분만한 경험이 있는 부인 한두 사람이 산모를 부축하도록 한다. 덤비거나 서두르고 두려워하여 산모가 근심하거나 놀라지 않도록 한다. … 만약 좌파(坐婆)가 서툴면 산모의 몸을 살피지 못하고, 태기가 막 움직이려는 때에 바로 낳게 하려고 하여 여러 가지로 손을 쓰고 놀라고 동요하여 서두르게 된다. 이렇게 해서 탈이 나면 횡산(橫産)이나 도산(倒産)의 근심이 여기서부터 생긴다.[12]

위의 글을 통해 알 수 있듯이, 진자명은 산모들에게 나이가 많고, 경험이 많으며 숙련된 생파(生婆), 즉 산파를 미리 선택하여 분만에 대비하도록 권고하였다. 이 외에도 난산을 초래하는 원인에 대해 "생파(生婆)가 경솔하여 분만이 임박하는 시기를 기다리지 못하여 바로 분만 시도를 하고, 분만 시도(試水)가 거듭되면 포장(胞漿:양수)이 먼저 터져 산문(産門)에 바람이 들어가 산도(産道)가 마르고 깔깔해진다"[13]고 하였다. 즉 산모가 가진통을 했을 때 산파가 서둘러 양수를 터트리기 때문에 난산이 발생한다고 경고하면서, 진진통이 극에 달해 태아가 산문에 도달했을 때 분만하면 순산할 수 있다고 조언하였다. 이처럼 진자명은 분만의 징후를 잘 파악하고 출산을 안정적으로 이끌어야 하는 산파의 역할을 명확하게 제시하였다. 그런데 진자명의 『부인대전양방』에서는 산파의 기술적 측면에 대한 우려를 표현하기는 하였지만, 산파를 난산의 원흉으로 간주하거나 산파의 인격이나 품성을 도덕적으로 폄하하는 서술은 찾아보기 어렵다.

---

12 「將護孕婦論」第二, 『婦人大全良方』 제16권 産難門, 광신출판사, 2003, 626쪽.
13 「産難論」第一, 『婦人大全良方』 제16권 産難門, 광신출판사, 2003, 651쪽.

그렇다면 산파에 대한 폄하와 도덕적 비난이 시작된 것은 언제부터였을까? 중국의료사를 연구하는 학자 량치즈[梁其姿]는 여성 의료인에 대한 부정적 논술은 원·명 시기부터 성행하였으며, 이는 성리학적 이데올로기의 오명화(汚名化)와 깊은 연관이 있다고 주장하였다.[14] 실질적으로 송대(宋代)에는 '여성의 신체는 혈(血)이 주가 되고', '남성의 신체는 정(精)이 주가 된다'는 '이체동형'(異體同型)의 신체관이 형성되면서, 여성과 남성을 분리해서 다른 방식으로 치유해야 한다는 인식이 확대되었다.[15] 이와 같은 의학적 젠더 분리는 성리학적 젠더 질서의 확립과 결부되어 있었으며, 공사 영역의 엄격한 분리가 이루어지면서 남성의 사적 영역에 대한 출입이 극도로 제한되었다. 그 결과 여성의 출산은 사적 영역에 자유롭게 출입이 가능했던 산파를 비롯한 여성 의료인이 담당하게 되었으며, 남성 의료인의 여성의 신체와 분만에 대한 개입은 점차 통제되었다. 명 말 왕화정(王化貞)[16]이 지은 산과의서인 『산감(産鑒)』에는 출산의 영역에 접근할 수 없었던 남성 의사의 답답함이 다음과 같이 서술되어 있다.

---

14   梁其姿,「前近代中國的女性醫療從業者」,『面對疾病』, 北京: 中國人民大學出版社, 2012, 192쪽.

15   Charlotte Furth, *A Flourishing Yin- Gender in China's Medical History 960-1665*, University of California Press, 1999, pp.59-93

16   왕정화(王化貞)의 출생연도는 명확하지 않으며, 1632년 사망하였다. 만력(萬曆)41년 (1613)에 진사(進士)에 급제하였으며, 호부주사(戶部主事), 우참의(右參議), 우첨도어사(右僉都禦史) 등의 직책을 역임하였다. 그는 1628년에 『보문의품(普門醫品)』48권을 저술하였으며, 이 외에도 『행급험방(行笈驗方)』8권, 『산감(産鑒)』3권 등을 편찬하였다. 『산감』은 1706년에 마지광(馬志光) 등이 중간(重刊)하여 널리 전파되었다 (https://baike.baidu.com/item/%E4%BA%A7%E9%89%B4/12684358?fr=aladdin).

출산은 부인이 벗어날 수 없는 일이다. 출산은 질병이 아니나 눈 깜짝할 사이에 사람이 죽기도 한다. … 또한 규방은 은밀하게 휘장으로 가려져 있어, [남성 의사가-필자] 보거나 듣거나 할 수 없으니, 뛰어난 의술로도 어찌하지 못하고 종종 속된 산파나 무당 할멈의 손에 목숨을 맡긴다. 그들의 권고에 따라 성급하게 행동하고, 가벼이 어리석은 방법에 따라 치료하면 산모와 태아 모두 목숨을 잃게 되고 혹은 가문의 대가 끊기게 되니 너무도 가엾고 슬프다.[17]

이처럼 성리학적 의료 질서와 젠더 질서의 확립 속에서 분만의 공간은 남성 의사가 접근할 수 없는 불확실하고 위험한 공간으로 젠더화되었고, 남성 의사가 통제할 수 없는 영역에서 분만을 주관하는 산파에 대한 불신도 확대되었다. 왕화정은 산파를 '성급하고', '어리석다'고 비판하면서 산모와 태아를 죽음에 이르게 하고, 가문의 대를 끊어 놓는 원흉으로 비난하였다. 어떤 면에서 남성 의사의 산파에 대한 불신은 접근 불가능한 '출산 영역' 혹은 '여성의 사적 공간'에서 은밀히 일어나는 일에 대한 답답함과 더불어 자신들의 의료적 통제와 간섭이 미치지 못하는 것에 대한 초조함과 불안함이 내재되었다고 볼 수 있다.[18]

명 가정(嘉正) 26년(1547)에 의학자 설기(薛己)는 진자명의 『부인대전양방』을 교주(校註)하면서 임신과 출산에 관한 다양한 처방을 정리하고 자

---

17 張磊 · 龐春生 注釋, (明)王化貞 著, 『≪産鑒≫注釋』, 鄭州: 河南科學技術出版社, 1982, 1쪽.
18 蔡政純 · 釋慧開, 「明代醫籍中的女性診療問題」, 『生死學研究』 3, 2006, 165-207쪽.

신의 의안(醫案)을 덧붙여『교주부인양방(校注婦人良方)』을 발행하였다. 이 때 설기는 산파를 '온파'(穩婆)로 지칭하며, "산파는 나이 들고 숙련된 사람을 골라야 한다"는 진자명의 조언을 그대로 계승하였다. 설기는 "간혹 어떤 온파(穩婆)는 분만이 순조롭지 않은데도 아직 분만할 때가 아니라고 하고, 혹은 쌍둥이인데 태반이 아직 나오지 않는 것이라고만 한다."[19]고 지적하며 분만 지식이 부족하거나 거짓말을 하는 산파를 경계하였다. 또한 온파가 탯줄을 불로 태워 끊지 않고 칼로 잘라서 아이와 산모의 목숨을 위태롭게 하고, 산모의 불안감을 조장하고 분만실의 환경을 혼란하게 하여 난산을 초래하는 원흉이라고 비판하였다.[20] 설기는 산파가 산모의 정신을 안정시키고 분만실을 다스릴 수 있는 '침착함', '편안함', '진실됨' 등의 자질을 겸비해야 한다고 충고하였다.

설기의 이론과 임상 경험은 명대 의학자 장경악(張景岳)의 저서『경악전서 · 부인규(景岳全書 · 婦人規)』(1624)에도 많은 영향을 미쳤다. 장경악도 "온파(穩婆)를 쓸 때에는 반드시 나이가 들고 충실하며 후덕한 사람을 택하여 미리 위촉해 놓았다가 분만시에 침착하고 차분하게 일을 수행해야 한다."[21]고 당부하였다. 그는 부정적인 산파의 사례를 들어 설명하기도 하였다. 예를 들어 "내가 일찍이 분주하고 성격이 급한 산파를 보았는데, 놀라서 하나를 돌보다가 다른 것을 놓쳤다."[22]고 비판하기도 하고, 산파가 각종 무리한 분만 시술을 시도하다 난산이 발생한다고 경고하였다. 또한

---

19 陳自明 原著, 薛己 校注, 金曈一 외 역해,『校注婦人良方譯解』제17권, 정담, 2011, 573쪽.
20 陳自明 原著, 薛己 校注, 金曈一 외 역해,『校注婦人良方譯解』제17권, 정담, 2011, 574쪽.
21 이태균 편역, (明) 張介賓 著,『景岳全書 · 婦人規』, 법인문화사, 2004, 141쪽.
22 洞上注.

"간교한 여자(산파)는 고의로 신음소리를 내거나, 혹은 하찮은 일도 과장되게 보고하여 자신의 능력을 과시하고 사례를 요구한다. 이로 인해 산모가 놀라게 되므로, 그 해가 적지 않다"[23]고 지적하기도 하였다. 이처럼 설기에서 장경악으로 이어지는 명대 부인과 전문의들은 산파가 '안정'·'침착'·'충실'·'후덕(厚德)' 등의 자질을 갖추어야 한다고 요구하면서, '성격이 조급하고', '불안정하고', '간교하고', '자신의 능력을 과시'하는 산파에게는 비난과 경계심을 표출하였다. 어떤 면에서 산파는 유교적 젠더질서 혹은 안정된 가부장제적 가족 질서에 혼란을 일으키는 주범으로 여겨졌으며, 남성 의사들의 산파에 대한 도덕적 비난 속에는 유교적 젠더 질서를 유지하고자 했던 욕망이 투영되어 있었다.[24]

산파에 대한 부정적인 이미지는 산과의서 『달생편(達生編)』[25]에서 정점에 달하며, 『달생편』의 대중화가 산파의 부정적 이미지를 사회적으로 확

---

23 이태균 편역, (明) 張介賓 著, 앞의 책, 142쪽.

24 유연실, 「청대(淸代) 산과(産科) 의서와 여성의 출산: 『달생편(達生編)』을 중심으로」, 『의사학』 24-1, 2015, 148-149쪽.

25 1715년 출판된 『달생편』은 『태산심법(胎産心法)』, 『태산비서(胎産秘書)』, 『대성요지(大生要旨)』와 더불어 청대의 사대(四大) 산과의서로 불린다. 『달생편』은 출간된 이래로 1949년까지 200년 동안 130여 종의 판각본·필사본·증보본·합각본이 간행될 정도로 대중적 인기를 누렸다. 『달생편』의 대중적 인기와 다양한 판본의 유행에는 여러 가지 이유가 있겠지만, 무엇보다 『달생편』이 대중들이 읽기 쉽게 통속적으로 쓰여진 가정용 분만 지침서였기 때문이다. 이 외에도 『달생편』이 사회적으로 광범위하게 유통된 것은 청대의 선서문화(善書文化)와 깊은 연관이 있다. 대중들은 『달생편』의 인쇄를 자선 활동으로 규정하고, 이를 통해 덕을 쌓고 복을 구하고자 하였다. 자녀가 없는 사람들은 『달생편』을 인쇄하여 후사를 잇는 염원을 실현하고자 하였고, 임신한 여성들은 순산의 염원을 담아 책을 출간하였다. 이를 통해 『달생편』은 전문의사를 비롯하여 분만을 앞둔 부부가 함께 읽어야 할 필독서로 지정되었으며, 낭독과 가결(歌訣)·구결(口訣)의 방식으로 하층민에게까지 구전되었다(유연실, 같은 논문, 111-162쪽).

산시키는 데 적지 않은 영향을 미쳤다.[26] 『달생편』의 저자인 극재거사(亟齋居士)는 출산을 '과숙체락'(瓜熟蔕落, 오이가 익으면 저절로 꼭지가 떨어진다)과 같은 자연스러운 현상으로 인식하였다. 때문에 극재거사(亟齋居士)는 여성들에게 "분만의 시기에 잠을 청하며, 진통을 최대한 참고 인내하며, 진통이 극에 달한 순간에 분만통에 들어가 힘을 주라(睡·忍痛·慢臨盆)"[27]는 육자진언(六字眞言)을 조언하였다. 『달생편』에서는 과숙체락과 같은 자연스러운 분만 과정을 해치는 인위적인 간섭을 극도로 경계하였는데, 산파가 바로 인위적인 간섭을 하는 존재라고 비판하였다.

> 온파(穩婆)가 필요없는가? 기왕 이런 사람들이 있으니 사용하지 않을 수 없다. 그러나 내가 그들을 부려야지, 그들이 나를 부려서는 안 된다. 산모의 집에서 모든 과정을 주도해야 하며, 그들의 명령에 따라서는 안 된다. 대체로 이들은 대부분 우매하고, 이치를 알지 못한다. 산모의 집으로 들어오자마자 분만의 알맞은 시기를 고려하지 않고 곧바로 아이 낳을 자리에 앉아(坐草) 힘을 주라고 한다. 그들은 아이의 머리가 이미 여기 있다고 말하며, 허리를 주무르고 배를 문지르거나 손을 집어넣어 산문(産門)을 더듬어 많은 손상을 초래한다.… 심지어 간사하고 흉악한 자는 이 기회를 빌려서 폭리를 노리고 사리를 취하니, 그 피해는 이루 말로 다 표현할 수 없다. 오월(吳越)지역에서는 온파(穩婆)라 부르며, 강회(江淮) 지역에서는 수생파(收生婆)

---

26   張璐, 「近世穩婆群體的形象建構與社會文化變遷」, 南開大學 歷史學院 古代史專業 博士學位論文, 2013, 76쪽.

27   亟齋居士, 「達生編」 臨産, 『續修四庫全書·子部·醫家類』1008冊, 上海: 上海古籍出版社, 2002, 102쪽.

라 부르며, 휘녕(徽寧) 지역에서는 접생파(接生婆)라 부른다. 수(收)와 접(接) 두 글자의 뜻은… 아이가 땅으로 나오면 받아서(接), 품에 안아(收) 침대에 눕히기 때문이다. 본래 그들이 손발을 함부로 놀리게 해서는 안 된다. 부귀한 집에서는 매번 사전에 미리 온파(穩婆)를 집에 머물게 하는데 분만에 이르렀을 때 … 앞뒷 문으로 끊임없이 드나들며 어지럽게 북적대며 시끄럽게 떠든다. 이른바 천하에 아무 일도 아닌 것을 어리석은 사람이 스스로 긁어 부스럼 만드는 것과 마찬가지다.[28]

이처럼 『달생편』은 산파를 우매하고, 분만의 이치를 알지 못하는 조급하고 어리석은 사람으로 묘사하였다. 또한 산파를 자연스러운 분만을 방해하고 인위적으로 간섭하여 난산을 초래하는 원흉, 혹은 간교한 기술을 부려 사리와 폭리를 취하는 흉악한 범죄자로 치부하였다. 때문에 극재거사는 산파의 역할은 오로지 "나오는 아이를 받아서(接), 품에 안아(收) 침대에 눕히는" 데에만 국한되어야 하며, 산모의 가족이 산파 말에 일방적으로 복종해서는 안 된다고 경고하였다.

그러나 출산을 과숙체락(瓜熟蔕落)과 같은 자연스러운 과정으로 인식하는 관념은 출산 자체를 이상화하고, 이에 따르는 여성의 고통을 상대화시키는 남성 중심적 시각이 투영된 것이었다.[29] 극재거사는 출산은 '과숙체락'의 과정이기 때문에 분만을 서두르고 이에 대해 인위적인 개입을 가하

28　(清) 亟齋居士, 『達生編』 方藥, 『續修四庫全書 · 子部 · 醫家類』 1008冊, 上海: 上海古籍出版社, 2002, 104쪽.
29　유연실, 앞의 논문, 145쪽.

는 행위는 '발묘조장'(拔苗助長)과 같이 천지자연의 이치를 거스르고 생명을 위험에 빠뜨려서 인재(人災)를 초래할 뿐이라고 하였다. 그러므로 극재거사(亟齋居士)는 산모에게 "수(睡)·인통(忍痛)·만임분(慢臨盆)"이라는 육자진언의 분만 규율을 제시하며, 산통을 최대한 참고 인내하라고 조언하였다.

'진통을 참고 인내하라'는 요구는 성리학적 부덕(婦德)의 훈육과도 밀접한 관련이 있었다. 『달생편』의 「대의(大意)」에는 규방의 부인들이 인내심이 부족하기 때문에 나타나는 문제를 다음과 같이 묘사하였다.

> 대체로 규방의 부인들은 평소 응석받이로 자라고, 맛 좋은 음식을 질리도록 먹는다. 편안히 놀고 즐기기 때문에 체질이 허약하다. 게다가 성질이 오만해서 남의 말도 듣지 않는다. 분만의 때가 되어 진통을 느끼게 되면 고통을 견디지 못한다. 등불을 켜면 불이 붙는 것처럼, 위 아랫사람들이 모두 호응한다. 방 안에 많은 사람이 한데 모여, 안팎으로 한바탕 떠들어 댄다. 온파(穩婆)가 끊임없이 드나들며, 각자 공을 다툰다. 아직 이경맥(離經脈)이 나타나지도 않고 태아가 머리를 아래로 돌리지도 않았는데 분만하는 곳에 앉아 분만을 시도한다. 순산하지 못하면 기이한 처방과 진귀한 약을 끊임없이 함부로 먹게 하니, 산모와 태아 둘 다 잘못되는 경우가 많다. 어찌 안타깝지 않겠는가.[30]

30　(淸) 亟齋居士, 『達生編』 大意, 『續修四庫全書·子部·醫家類』 1008冊, 上海: 上海古籍出版社, 2002, 100쪽.

이처럼 『달생편』에서는 절제·근면·순종·온순·인내라는 유교적 부덕(婦德)을 겸비하지 못한 여성을 '응석받이', '절제를 모르며', '게으르고', '성질이 오만하며', '고통을 참지 못하는' 부정적인 여성으로 묘사하였다. 그러므로 과숙체락(瓜熟蒂落)과 수(睡)·인통(忍痛)·만임분(慢臨盆)과 같은 규율에는 여성의 무절제한 탐욕·게으름·오만함·성급함·소란스러움을 통제하고, 유교적 부덕을 여성들에게 훈육하고자 했던 의도가 담겨 있다고 볼 수 있다. 무엇보다 남성 의료인들이 '인내'·'자제력'과 같은 유교 윤리를 여성에게 강제하여 가부장적 젠더 질서를 공고화하려 했던 문화적 배경이 존재했다.[31] 성리학적 젠더 질서 속에서 여성에게 요구되었던 품성과 자질은 산파에게도 투영되었고, 의학 이론 및 의학 언어에 내재화된 젠더적 차이는 성리학적 질서를 파괴하는 산파에 대한 부정적 이미지를 생산할 수밖에 없었던 것이다. 결국 『달생편』과 같은 대중적 통속 의서가 보급되면서 과숙체락과 수(睡)·인통(忍痛)·만임분(慢臨盆)와 같은 분만 규율이 확산되었고, 이를 통해 산파와 산모의 행동에 대한 유교적 통제와 도덕적 비난이 더욱 강화되었던 것이다.

그러나 남송 이래 산과 의서에서 산파를 부정적으로 묘사했던 것과는 달리, 산파를 비롯한 여성 치료자들은 남녀 분리의 성리학적 젠더 질서 속에서 여성들에게 의료 서비스를 제공하고 존경을 받는 경우가 적지 않았다. 예를 들어 명대의 남성 의사들이 "차라리 열 명의 남성을 치료할지

---

31   Charlotte Furth, "Concepts of Pregnancy, Childbirth, and Infancy in Ch'ing Dynasty China," *Journal of Asian Studies* 46.1 (Feb., 1987), pp.7-35.

언정 한 명의 부인은 치료하지 않겠다"[32]라는 불만을 토로하던 상황에서, 여의(女醫) 담윤현(談允賢)은 "여성의 성격과 기질을 이해하는 여의(女醫)가 여자를 치료한다"는 장점을 이용하여 사회적 존경과 명망을 획득하였다. 당시 남성 의사들이 남녀의 공간적 분리와 여성의 신체적·정신적 특징을 이해하지 못하여 치료에 어려움을 겪을 때, 담윤현은 여성의 공간을 자유롭게 넘나들면서 여성들이 결혼과 출산으로 겪는 각종 정신적 고통과 울분을 이해하며 질병을 치료하였다. 이 때문에 담윤현은 "친분 있는 여성과 친척, 남자에게 치료 받기 꺼려하는 여인들이 끊임없이 몰려들었으며, 종종 신통한 효과를 얻었다"[33]고 할 정도로 인기를 끌었다. 그녀의 의술이 사회적으로 명성을 얻게 되자, 담윤현의 아들이 그녀의 임상 경험을 구술로 채록하여 『여의잡언(女醫雜言)』이라는 의서를 남길 정도였다. 담윤현의 사례를 통해 남녀의 공간 분리가 엄격했던 사회적 환경 속에서 여성들에게 여성 치료자가 절실히 필요했으며, 여성 의료인들이 존경과 신뢰를 받는 경우도 적지 않았음을 충분히 유추할 수 있다.

　남성 의료인들의 비난과는 달리 산파는 분만의 과정을 안정적으로 통제하는 능력으로 사람들의 존경과 신뢰를 얻는 경우가 종종 있었다. 청대 소설 『삼속금병매(三續金瓶梅)』 제10회에서는 서문경(西文慶)의 셋째 부인 남저(藍姐:藍如玉)가 분만하는 상황이 묘사되었는데, 산파가 능숙하게 분만을 처리했던 능력을 엿볼 수 있다. 8월 16일 아침에 서문경의 부인들이

32　汪劍 主編,「讀女醫雜言」,『談允賢:『女醫雜言』評按譯釋』, 北京: 中國中醫藥出版社, 96쪽.
33　汪劍 主編,「序」, 앞의 책, 1쪽.

식탁에서 식사하며 담소를 나누고 있을 때 남저(藍姐)가 갑작스럽게 배가 아프다고 소리를 지르며 분만이 시작됨을 알렸다.

월랑(月娘)은 "별일 아니니 빨리 가서 산파(姥姥)를 모셔 와"라고 하였다. 또 한편으로 서문경에서 와서 살피라고 알렸다. 월랑(月娘)은 "남저(藍姐)야, 소리 지르지 마라, 기(氣)가 상한다. 첫 번째 아이라 네가 경험이 없어 그런다. 『달생편』의 육자진언(六子眞言)에서 첫째, 진통을 참고(忍痛), 둘째, 잠을 자고(睡), 셋째 늦게 분만통에 들어가며(慢臨盆), '과숙자락'(瓜熟自落)이라고 하지 않던…"이라고 말했다. 남저는 "형님, 저의 허리가 끊어질 것 같아요. 아랫배가 아래로 처져서 괴로워요"라고 하였다. 월랑은 "괜찮아. 채모모(蔡姥姥:산파)가 와서 아이를 낳으면 곧 좋아질 거야"라고 하였다.… 채모모(蔡姥姥)가 "복 많이 받으세요"라고 인사하며 집으로 들어왔다. 월랑은 "우리 셋째가 곧 낳을 것 같죠"라고 물었다. 산파(姥姥)는 앞으로 와서 손을 뻗어 만지더니 "아이고, 옷도 아직 안 벗었네"라고 말했다. 그리고 (産道를-인용자) 만지며 말하길 "때가 되었네요. 아씨들, 올라와서 허리를 꽉 끌어안고 빨리 자리에 앉게(坐草) 해 주세요"라고 하였다. 남저의 진통이 더욱 급박해지자, 서문경도 손을 비비며 조급해하였다. 토뇌환(兔腦丸, 분만 촉진제-인용자)을 한 알 먹였으나 … 낳을 기미가 보이지 않았다. 또 사람을 보내 임의관(任醫官)을 불러오라 했으나, 하필 집에 없었다. 월랑도 달리 방도가 없었다. 채모모는 마마 자국이 가득한 얼굴에 웃음을 띠며 "어르신, 안심하십시오. 아이가 나오려면 좀 더 기다려야 합니다"라고 말했다. 약간의 시간이 지나 산모가 한 차례 진통을 하더니 "응애" 소리가 들리며 아이가 나왔다. 산파는 "어르신, 축하드립니다. 딸을 얻으셨습니다"라고 하였다. … 채모모는 아이를 수습하며, 탯줄을 자르고 불로 지진 후 보자기로 감쌌다. 남저를 돌보며 정심탕(定心湯:산후 안정제-인용자)을 먹이고 "절대로 옆으로 누워서 자지 마세요. 앞으로 주무십시오"라고 말했다. 춘랑(春娘)은 산파에게 두 냥의 수고비(洗手銀)를 주고, 여러 차례 감사하다고 말했다. 또한 산파에게 술과 음식을 접대하고, 작별인사를 했다.[34]

이처럼 분만이 시작되었을 때 오월랑(吳月娘)이라는 가장 나이든 여성이 분만을 주관하여, 산모를 안심시키고 산파를 청하며 집안의 질서를 안정시켰다. 월랑은 『달생편』에 나오는 '과숙자락'(瓜熟自落)과 '수(睡)·인통(忍痛)·만임분'(慢臨盆)의 육자진언을 언급하여, 『달생편』에서 습득한 지식을 활용하여 산모를 안정시켰다. 또한 월랑을 비롯한 집안 사람들은 산파에 대해 상당한 신뢰를 보이고 있었다. 채모모(蔡姥姥)라는 산파는 익숙하게 서문경의 집을 드나들며, 분만의 시기를 정확하게 진단하고, 산모에게 토뇌환(兔腦丸)이라는 분만 촉진제를 먹이고, 분만이 지연되었을 때는 남성 의사의 개입이 없이도 가족들을 안심시키며 분만을 안정적으로 이끌었다. 또한 산파는 신생아와 산모를 세심하게 보살피며 뒤처리도 문제없이 마무리했다. 이에 대한 답례로 일정한 수고비와 음식 접대를 받지만, 이는 서문경의 집안에서 존경과 감사의 의미를 담아 적절한 사례를 한 것이다.

그런데 채모모와 같은 산파의 역할은 출산에만 국한되지 않았다. 전통적으로 아이를 낳은 지 3일 후에는 '세삼'(洗三) 의례를 행하는데 이 의례

---

34 (清) 訥音居士, 『三續金瓶梅』 第10回, 中州古籍出版社, 1993, 74-75쪽.

의 주관자는 산파였다. 서문경의 집에도 3일 후에 채(蔡)산파가 와서 세삼 의례를 주관하였는데, 산모 침실의 온돌신인 '항공'(炕公)·'항모'(炕母) 등 신상을 모시고 향을 피우고 아이를 씻길 목욕 대야에 손님들이 은전이나 계원(桂圓)·대추를 넣고 한 사람씩 돌아가며 목욕물을 부으면 그 물로 아이를 목욕시켰다.[35] 산파가 행했던 '세삼 의식'은 태어난 아이의 복을 빌고, 아이의 몸에서 전생의 불결한 것을 씻어낸다는 의미가 있다. 또한 세삼은 일종의 청결 의식으로 질병을 예방한다는 의미도 있었으며, 새롭게 태어난 생명에게 가족의 구성원으로서의 위치를 부여하는 상징성도 존재했다. 요컨대 산파는 세삼을 행하면서 손님들이 목욕 대야에 집어넣은 물건을 아이의 장래 성장과 연관지어 물을 부으면 "물이 흐르듯 총명하고 영리해라", 대추를 넣으면 대추와 비슷한 발음을 연상하여 "일찍 자녀를 낳아라", 계원(桂圓)을 넣으면 "향시·회시·전시에 잇달아 장원으로 급제해라" 등의 축복의 말을 했다. 이는 태아의 성장 과정에서 장차 직면하게 될 벼슬, 결혼과 출산, 성격, 재물 등등을 예측하는 것으로 신생아에게 일종의 사회적 표식을 붙여 사회적 네트워크 속에 자리 잡게 하는 것이나 다름없었다. 그러므로 산파의 권위는 의료 기술의 숙련도와 경험에 국한되지 않고 출산 의례의 주관자로서의 공적 혹은 사회적 기능 속에서 발현되었다고 해도 과언이 아니다.[36] 중국 역사학자 양녠췬(楊念群)은 산파의 사회적 기능이 의료적 기능보다 중요했으며, 산파가 지역 사회와 여성들

---

35 (清) 訥音居士, 같은 책, 75쪽.

36 楊念群, 『再造 "病人": 中西醫衝突下的空間政治(1832-1985)』, 北京: 中國人民大學出版社, 2006, 132쪽.

에게 존중받았던 이유였다고 주장하였다.

이처럼 산파는 남성 의사 대신 여성의 출산 공간에 자유롭게 접근하고 분만을 보조했던 여성 의료인이었다. 그러나 산파가 전문적인 의료 지식과 기술을 겸비하지 못했기 때문에 남성 의사는 산파를 깊이 불신했고, 산파는 남성 위주의 중의학 질서 속에서 전문적인 의료인으로 인정받기 어려웠다. 무엇보다 성리학적 의학 질서가 확립되면서 산파는 여성에게 요구되는 유교적 규범을 파괴하고, 안정된 가족질서에 혼란을 주는 존재로 도덕적 비난을 받았다. 그러나 산파는 여성만 출입할 수 있었던 분만의 영역에서 없어서는 안 될 존재로서, 그들만의 경험과 구전에 근거한 의료 지식과 기술로 사회적 존경과 신뢰를 얻기도 했다. 무엇보다 산파는 세삼과 같은 출산 의례의 주관자로서 공적인 사회적 권위를 가지고 있었다. 산파는 출산 의례를 통해서 새로운 생명에게 사회적 표식을 부여하고, 가족관계의 네트워크 속에 그들을 위치시킴으로써 가족 질서를 안정시키고 친족들의 화목을 도모하였다. 이와 같은 산파의 의례적 역할은 의료적 기능보다 중요했으며, 산파는 지역 사회에서 존경과 권위를 획득할 수 있었다.

3. 근대 대중매체 속 산파의 이미지와 변화

1) 산파의 전통적 이미지와 '비위생', '낙후'의 낙인

명청 시대의 산파는 이중적인 이미지가 함께 존재했다고 볼 수 있다.

〈그림1〉 Preventing infanticide moves the gods , Gabriel palaptre, *L'infanticide et l'oeuvre de la Sainte-Enfance en Chine* (Chang-hai, 1878), p.76.

산파는 지식이 부족하고 무리하게 출산을 재촉하여 산모와 아이를 위험에 빠트리고, 난산을 다룰 줄 모르는 존재로 묘사되기도 하고[37] 도덕적으로 타락하여 재물을 밝히며 산모와 아이의 생명을 경시하고 어린아이의 익영(溺嬰. 영아 살해)을 부추긴다고 비판받기도 하였다. 〈그림1〉[38]

그러나 실제 출산 현장에서 남성 의사들은 산파들의 도움을 필요로 했으며, 산파의 전문 영역을 인정하기도 하였다.[39] 일부 연구에서는 명청 시

---

37   梁其姿,「前近代中國的女性醫療從業者」,『面對疾病』, 中國人民大學出版社, 2012年, 201-203쪽.; 유연실,「청대(淸代) 산과(産科) 의서와 여성의 출산-『달생편(達生編)』을 중심으로」,『의사학』24-1, 2015, 146-148쪽.

38   衣若蘭著,『三姑六婆』, 中西書局, 2019, 246-253쪽.

39   菜政純, 釋慧開,「明代醫籍中的女性診療問題」,『生死學研究』3, 2006, 180-181쪽.

대의 남성 의사들이 산파를 비난, 풍자했지만 당시 사회의 엄격한 성별 분리가 존재했기 때문에 남성 의사와 산파는 서로의 영역이 구분되어 있었고, 직접적으로 경쟁하는 상대가 아니었음을 밝히기도 하였다.[40] 또한 산파는 출산 현장뿐만 아니라 아이가 탄생한 후 거쳐 가는 의례에 빠질 수 없는 존재였다. 산파들은 마을 아이들의 세삼례(洗三禮), 만월(滿月)을 주관하고 여성과 아이의 건강과 행운을 빌어주는 중요한 존재였기 때문에 여성들과 깊은 유대관계를 맺었다. 즉 산파는 의료의 영역에 국한되지 않고 좀 더 넓은 사회적 역할과 상징성을 가지고 있었다.[41] 또 다른 의미에서 산파는 여성이 택할 수 있는 직업의 하나이기도 했다. 명청 시대에는 산파업으로 집안을 건사하고 부와 명성을 누린 여성의 사례를 발견할 수 있으며,[42] 산파들이 아이 받는 일 외에도 여성 죄수를 다루고 집안을 조사하는 역할을 했다는 연구도 있다.[43]

이렇듯 주류 사회에서 비판을 받으면서도 사회적으로 인정받는 이중적인 이미지는 산파가 '용의'(Quack, 엉터리 의사)라고 비판 받는 부류와 상당히 비슷한 면모가 있음을 보여준다. 산파 혹은 용의는 대개 의학 지식이 부족하고, 도덕적으로 타락했으며, 재물을 밝히고, 목숨을 가볍게 여기며, 환자(산모와 아이)를 위험에 빠트리는 존재로 그려졌다. 하지만 용의라고 비판 받았던 떠돌이 의사들은 저렴한 비용, 비교적 간단한 치료 방법, 도

40   張璐, 「近世穩婆群體的形成建構與社會文化變遷」, 南開大學博士學位論文, 2013. 17-18쪽.
41   楊念群, 『再造 "病人": 中西醫衝突下的空間政治(1832-1985)』, 北京: 中國人民大學出版社, 2006, 139-141쪽.
42   梁其姿, 앞의 책, 201-202쪽.
43   張璐, 앞의 논문, 32-33쪽.

시 지역과 멀리 떨어진 곳에 사는 하층 민중을 상대하며 도움을 주는 존재였고,[44] 산파도 남성·주류 엘리트 의사들이 접근하지 않거나 꺼리는 영역에서 활동하며 아이를 받았고, 여성에게 도움을 주는 존재였다.

또한 당시에는 의료인의 자격을 얻는 '시험'이라는 제도가 존재하지 않았기 때문에 의사 및 산파마다 지식과 경험의 차이가 있어서 실력이 제각각이었을 것이다. 의사, 산파가 경험이 많고 실력이 있으며 좋은 평판을 받는 자들인지 분별하고 선택하는 것은 환자 가족의 몫이었다. 산모의 가족은 반드시 '좋은' 산파를 신중하게 선택해야 하는데 '좋은 산파'란 나이가 많고, 분만을 도운 경험이 풍부하며, 기본적인 의학지식을 갖추고, 성격이 신중하고 차분한 부인이어야 했다.[45]

그런데 청 말 아편전쟁 이후, 중국에 서양의학이 소개되고 '위생'이 중요한 화두로 떠오르면서 산파의 사회적 위치와 이미지에는 변화가 나타나게 되었다. 이러한 변화가 일어나게 된 가장 큰 이유는 19세기 말 20세기 초 중국 사회에서 근대적 '위생'이 중요한 가치가 되었기 때문이다. 청일전쟁에서 패배한 이후 중국 사회는 일본의 메이지 유신에 관심을 가지게 되었고, 국가 위생 제도와 위생 행정에 주목하게 되었다. 개혁파 관료와 지식인 계층은 중국의 환경과 개인 위생을 비판하고, 서구와 일본의 위생제도를 배워서 부국강병을 이룰 것을 주장하였다.[46]

'민족 존망의 위기에서 벗어나 부국강병을 이루기 위해서는 동아병부

---

44 최지희, 앞의 논문, 203-204쪽.
45 菜政純, 釋慧開, 앞의 논문, 184쪽.
46 余新忠, 『淸末衛生防疫機制及其近代演變』, 北京師範大學出版社, 2016, 59-62쪽.

(東亞病夫)를 강종(强種)으로 만들어야 한다'는 인식이 확산되었고, 곧 건강한 중국인을 생산하기 위한 여성의 '출산'이 주목을 받게 되었다. 근대 중국의 지식인은 서구 산과 의학의 발달을 접하면서 중국의 낡은 출산법을 개혁해야 한다고 주장했다. 그리고 이들은 중국의 영아, 산모의 사망률이 다른 나라에 비해 심각하게 높은 주요 원인을 '구식 산파'에게서 찾게 되었다. 민국 시대 이후 북양정부는 '임시취체산파규칙'을 실시하여 산파업 종사자를 단속하였다. 산파들은 반드시 관청에 영업을 신고해야 했고, 영업증을 발급받았으며, 아이를 받은 뒤 상황을 기록하여 월말에 경찰청에 보고해야 했다. 남경 국민정부가 수립되고 신중국이 건국된 후에도 '구식 산파취체'는 의학계와 정치계가 꾸준히 추진하고 토론하는 주제였다.[47]

개혁파 지식인들은 구식 산파를 모두 없애야 한다는 주장을 하기도 했으나 현실적으로 구식 산파를 모두 없애기는 힘들었고, 서양 산과의학을 배운 의사나 간호사, 조산사의 숫자는 터무니없이 부족했다. 때문에 서양 분만 기술을 가르치는 '접생파강습소', '산파강습소', '산파보습소' 등의 단기 학교가 각지에 세워지게 되었다. 이러한 '산파 개조' 교육과 학교의 궁극적인 목표는 구식 분만법을 도태시키는 것이었다. 산파는 강습소에서 소독하는 방법, 탯줄의 올바른 처리 방법, 올바른 도구의 사용, 분만과정 중 위험한 상황을 식별하는 요령 등을 익혔다.[48]

근대 신문과 잡지에 등장하는 산파에 대한 비판 글은 이전 사회의 산파 이미지가 그대로 이어지는 경우가 많았다. 특히 남성 의사들이나 남성 엘

---

47 張璐, 앞의 논문, 127-132쪽.
48 張璐, 앞의 논문, 137-142쪽.

리트 계층, 주류사회가 생각하는 '무지하고 서투르며 산모와 아이의 생명을 함부로 대하고 탐욕스러운 산파'에 대한 묘사가 주를 이루고 있다. 중국에서 '산파'는 긴 역사를 가졌으며 다양한 이름으로 불렀는데 명청 시대에 가장 광범위하게 쓰였던 것은 '수생파'(收生婆)와 '온파'(穩婆), '접생파'(接生婆) 등이었다. 이러한 용어는 청 말, 민국 초기 매체에서도 여전히 등장하는데 명청 시대와는 다른 의미가 부여되기 시작하였다. 청 말, 민국 초의 화보(畫報)에서는 전통/구식 산파의 모습을 다음처럼 묘사하였다.

A. 수생파(收生婆)는 (집의) 문 앞에 붉은 색으로 "아무개 씨 산파의 집"(某阿奶收生居地) 혹은 "아무개 씨 외할머니 산파의 집"(某外婆接喜居地)이라는 글을 붙여 놓는다. 산모의 배가 팽창하고 통증이 약간씩 있으면 산파(收生婆)는 "삼과황체락주(三瓜黃蒂落珠)이어야 비로소 태가 갈라질 때이다"라고 하였다.… 한밤중에 문을 두드려 수생파(收生婆)를 찾으면 그는 반드시 부름에 응한다. 아이가 태어나면 세생자(洗生者)는 "이 사내아이는 수려하고 영리하게 생겼다."라고 말하여 아이가 태어난 가정에 기쁨을 더하니 집 주인은 수생파(收生婆)에게 상을 주고 감사를 표시한다.[49] 〈그림2〉

B. 조상 대대로 아이를 받는 수단이 좋아서 난산인 경우에도 아이와 산모를 살려냈다. 한밤중에 불러도, 비바람이 불어도 산파는 반드시 환자의 집으로 간다. 가장 수입이 좋은 것은 사생아를 낳거나 아이를 억지로 낙태하는 경우이다. [收生婆는]천리(天理)를 해치는 것을 두려워하지 않고 오로지

49   漱嚴, 「說明 收生婆(附圖)」, 『之江画報』, 1914, 『杭州风俗写真百帖』, 27-28면.

〈그림2〉 한밤중 산파를 찾는 사   〈그림3〉 출산과 산후 조리를 돕는 산파(「營業寫
람. (漱巖, 「說明 收生婆(附圖)」,   真, 收生婆(附圖)」, 『图画日报』, 1910, 第200期,
『之江画报』, 1914, 『杭州风俗写   8면).
真百帖』, 27-28면)

돈만을 바란다.[50] 〈그림3〉

　산파는 특별한 자격증을 필요로 하지 않았지만 오랜 시간 동안 쌓은 경
험과 노련함으로 좋은 평판을 받았으며, 마을 여성들의 출산을 도왔고 그
대가로 후한 대접을 받기도 했다. 산파업은 집안 대대로 이어지는 경우가
많았는데 출산과 관련된 지식과 기술이 시어머니에서 며느리, 어머니에
서 딸로 전수되는 경우가 많았다.[51] 대부분의 산파들은 문맹이었고, 남성

50　「營業寫真, 收生婆(附圖)」, 『图画日报』, 1910, 第200期, 8면.

51　洪有錫, 陳麗新, 『先生媽, 産婆與婦産科醫師』, 台北: 前衛出版社, 2002, 7쪽.; 張璐, 앞

의사들처럼 중의학 의서를 통해 지식을 습득하지는 않았다. 그러나 위의 A와 B에서처럼 산파는 산모의 난산을 해결하는 능력이 있고 산과(産科) 의서에서 흔히 이야기하는 '과숙체락'(瓜熟蒂落, 오이가 익으면 저절로 꼭지가 떨어지는)과 분만의 이치를 잘 알고 있는 것으로 묘사되기도 한다. 또한 명청 시대 소설이나 민국 시대의 보고서, 산파 인터뷰에서도 산파가 산맥(産脈)을 짚어 임신을 확인·진단하거나 성별을 맞추기도 하고, 출산 시각을 예정하기도 했다. 이러한 산파들의 방식은 명청대 산과 의서에서 설명하는 산맥 짚는 방법과 출산 임박을 판단하는 방법 등과 유사했다.[52] 산파들은 이러한 기술의 이치를 몰랐으나 예전부터 전수되던 분만 방법을 따르거나 『달생편』 같은 명청 시기 통속적, 대중적인 산과 의서를 간접적으로 접하고 구전과 암송으로 지식을 쌓았을 것이다.[53] 이러한 면에서 산파의 산과 지식과 기술이 중의(中醫)의 산과 의학전통과 전혀 관련이 없다고는 할 수 없을 것이다.

그러나 근대의 신문 잡지에서는 대부분의 산파를 출산과 분만 지식이 없으며, 엉터리 방법으로 산모와 아이를 위험에 빠트리거나 돈을 밝히는 탐욕스러운 존재로 묘사하였다. 이러한 묘사는 산파를 비판했던 명청 시대 남성 의사나 주류 사회의 논리와 비슷했다. 화보와 신문기사에는 특히 산파의 무능력, 미숙함, 무지를 풍자하는 글과 그림이 자주 실렸다.

의 논문, 145쪽.

52　張璐, 앞의 논문, 37-46쪽.

53　梁其姿,「明清中國的醫學入門與普及化」, 앞의 책, 35-45쪽.

〈그림4〉 서투르고 실수를 일삼는 산파(「收生婆力笨:畵圖」, 『北京白話畵圖日報』, 1909, 第215期, 4면).

C. 미숙한 산파(收生婆)

초6일, 제화문(齊化門) 안 오씨 집안의 한 부인이 출산을 앞두고 있어 범(範)씨 노파를 불렀다. 노파가 막 집에 들어서는 순간 아이가 태어났다. 노파는 아이를 바닥에 놓아 두고 빨갛게 달군 쇠꼬챙이로 탯줄을 지졌는데 산모의 다리를 눌어붙게 하였다.… 이에 오씨는 화가 나서 돈 몇 푼을 주고 범씨 산파를 쫓아버렸다. 이 범씨 산파는 정말로 서투른 산파이다.[54] 〈그림4〉

D. 상숙현(常熟縣) 사서시진(四徐市鎭)에 은 모씨 집(殷某家)에서 어떤 부인이 아이를 출산했다. 그런데 먼저 아이의 손이 나왔는데 이것을 토염생(討

---

54   「收生婆力笨:畵圖」, 『北京白話畵圖日報』, 1909, 第215期, 4면.

鹽生)이라고 한다. 하루가 지나도 아이가 여전히 나오지 않아 은 모씨는 급히 온파 심(沈)씨를 불러 방법을 모색하려 하였다. 그러나 온파 심씨는 아이의 손을 억지로 강하게 끌어당겼고 곧바로 은(殷)씨에게 돈을 요구하였다.… 그러나 아이가 뱃속에서 나오지 않으려 버텼고 산모는 오장육부가 모두 찢어지는 극심한 복통을 호소하다가 곧 사망하였다. 은(殷)씨는 심씨 산파를 고소하고 소송을 벌였다.… 대부분의 사람들은 온파가 사람을 구하지 못하고 도리어 죽게 만들었으니 용서하기 어렵다고 하였다. 온파가 양은(洋銀) 50원의 벌금을 내서 온씨의 장례 비용으로 충당하게 하여 비로소 온파의 불온함을 멈추게 하였다.[55]

C, D와 같이 '서투른' 산파들은 기본적인 분만 지식이 부족하기 때문에 산모의 출산을 돕기는커녕 산모와 아이를 해치는 존재로 묘사되었다. D의 '토염생'(討鹽生)이란 해산할 때 태아의 손이 먼저 나오는 것으로 횡산(橫産)과 같은 대표적인 난산(難産)을 말한다. 토염생(討鹽生)이라는 이름은 중의(中醫) 산과 의서에서 "태아의 손에 소금물을 묻히면 태아의 손이 다시 수축한다"라고 한 것과 관련이 있다.[56] 이런 경우 산파는 산모를 다시 편안하게 눕히고 아이를 밀어 넣어 정상 위치로 돌려 놓고, 지금의 출산 촉진제와 같은 최생약(催生藥)을 먹여서 아이를 낳게 하였다. 만약 억지로 태아를 잡아당기거나 밀어넣으면 산모를 위험에 빠트릴 수 있었다.[57]

---

55 「穩婆害人」,『益聞錄』, 1896, 第1582期, 280쪽.
56 (淸)巫齋居士,『達生編』上,「臨産」, 앞의 책, 103쪽.; 張慧芳, 王亞芬點校, (淸)沈金鰲著,『婦科玉尺』卷三, 北京: 中醫古籍出版社, 1996, 89쪽.
57 張璐, 앞의 논문, 43쪽.

명청 시대의 중의학 의서들이 산파를 비난하는 것은 산파들이 이처럼 정확한 산과 지식을 갖추지 않고 막무가내로 여성의 출산을 재촉한다고 보기 때문이었다. 일부 남성 의사나 문인들은 산파들이 분만에 대한 풍부한 경험과 기술을 갖추고 있다고 보았고 산파들의 고유 영역을 인정하기도 했다. 예를 들어 청말 의학자 왕청임(王淸任)은 『의림개착(醫林改錯)・회태설(懷胎說)』에서 "대다수 남성 의사보다 산파들이 산모의 몸과 상태, 출산의 과정을 더 잘 알고 있다. 마땅히 그들에게 물어 보아 배워서 기록해야 한다."라고 이야기하였다.[58] 그러나 대부분의 의사들은 많은 산파들이 무지하고 기본적인 산과 지식이 부족하며, 난산을 해결할 능력이 없고, 산모들을 위험에 빠트린다고 보았다. 대표적으로 명청 시대에 널리 퍼졌던 통속 산과 의서인 『달생편』에서조차 산파가 "대체로 우매하고 이치를 알지 못하며 자연스러운 분만의 과정을 방해하고 산방(産房)의 안정적인 질서를 파괴하는 인위적인 간섭을 한다"고 비난하였다.[59] C와 D에서 묘사하는 산파의 부정적인 이미지는 이러한 인식이 계속 반영된 것으로 보인다. 특히 D에서는 산파가 고소・고발의 대상이 된 것을 볼 수 있는데, 아직 의료 사고에 대한 구체적인 법이 제정되지 않았기 때문에 용의(庸醫:엉터리 의사)에 대한 처벌처럼 환자의 집에 배상금이나 장례 비용을 내주고 합의하는 것으로 마무리되었다.[60]

또한 명청 시대의 남성 의사들과 소설은 산파를 '산모와 아이의 건강,

58 李天德, 张学文整理, (淸)王淸任著, 『医林改错』, 北京: 人民卫生出版社, 2005, 49쪽.

59 유연실, 앞의 논문, 146-147쪽.

60 최지희, 앞의 논문, 208-209쪽.

생명에 관심이 없고 돈을 요구하거나 속임수를 쓰는 교활한 존재'로 묘사하기도 했다. 소설에서도 산파는 나이가 지긋하고 선량한 이웃 노인으로 묘사되기도 하지만 부도덕하고 비열한 범죄자로 묘사되는 경우가 많았다. 특히 집안 내 처첩들의 질투, 승계, 재산 분할 등의 갈등이 있을 때 산파에게 뇌물을 주고 태아나 산모를 은밀히 살해하게 하였다. 예를 들어 청대 소설 『신제해(新齊諧)』에서는 임신한 첩을 질투하는 부인이 첩과 아이를 살해하거나 첩이 임신한 남아를 여아로 바꿔치기하는 등 가정 내 임신과 출산을 둘러싸고 벌어지는 범죄가 등장하는데, 이 이야기 속에서 탐욕스러운 산파는 이러한 범죄에 기꺼이 가담하는 것으로 묘사되었다. 또한 소설에서는 산파가 갓 출산한 산모의 태반을 몰래 훔치기도 했는데, 중의학에서는 여성의 태반을 자하거(紫何車)라고 부르며 정혈(精血)을 돕고 허손증(虛損症)을 치료하는 좋은 약재라고 여겼다. 예를 들어 명대 소설 『오잡조(五雜組)』에서는 첫 출산과 남아 출산에서 나오는 자하거가 가장 효과가 뛰어나다고 알려졌기 때문에 산파가 태반을 훔치거나 무리하게 산모의 태반을 떼내어 문제를 일으키기도 했다.[61] 이러한 시각이 근대 신문과 화보에도 그대로 반영되어 산모의 분만을 이용하여 많은 돈을 요구하거나 그 가족을 속여 이익을 꾀하는 산파를 묘사하였다.

E. 여성이 임신하였을 때 부정한 기운을 만나면 괴이한 형태를 낳는다고 한다.… 북경 선무문(宣武門)내 학원후통(學院胡同)에 한 기인(旗人)의 부인이 막달이 되어 온파(穩婆)를 불러 출산을 하였다. 그런데 태어난 아이의 얼굴

---

61   張璐, 앞의 논문, 103-108쪽, 110-112쪽.

〈그림5〉 갖은 이유로 산모의 가정에서 재물을 편취하는 산파(友如, 「穩婆訛詐」, 『點石齋畫報大全』 1910, 巳11卷, 15면).

〈그림6〉 무책임하고 돈만 바라는 산파(「不負責任之職業(産婆)」, 『申報』 1927. 12. 10., 17면).

〈그림7〉탐욕스러운 산파를 처벌하는 관료(「收生婆受責(附圖)」, 『輿論時事報圖畵』, 1909. 七月初一., 3면).

이 파랗고 머리는 붉으며 머리에는 뿔이 달렸고 이빨이 튀어나와 있을 줄 누가 알았겠는가! 온파(穩婆)는 이를 빌미삼아 몇 관(貫)에서 수 십 관(貫)의 돈을 뜯어낼 것을 꾀하고 즐거워하였다.[62] 〈그림5〉

F.무책임한 직업 (산파): 아이가 무사히 나와도 돈을 요구하고, 나오지 않아도 돈을 요구하네.[63] 〈그림6〉

G. 임씨는 수생파(收生婆)인데 (이전에) 태골(胎骨)을 불태워 가루로 만들어

---

62   友如, 「穩婆訛詐」, 『點石齋畵報大全』 1910, 巳11卷, 15면.
63   「不負責任之職業(産婆)」, 『申報』 1927. 12. 10., 17면.

많은 이익을 꾀하였다. 이 일이 화정현(華亭縣)의 장현령에게 알려지게 되었다. 임씨를 관청에 붙잡아 왔으나 변명만 하고 자백하지 않으려 했다. 임씨는 서문 밖 서탑로 뒤에 모 씨 산파가 있는데 그가 태골을 술에 담아 판매한다고 운운하였다. 대령(현령)은 임씨의 교활한 발뺌을 파악하고 매를 때리고 밖으로 쫓아냈으며 다시 돌아오는 것을 금지하였다.[64] 〈그림7〉

E, F, G의 기사와 화보에서처럼 산파는 갖은 이유를 들어 산모의 집에 수고비를 요구하고, 남의 집 태반을 훔쳐 팔다가 벌을 받는 모습으로 풍자되었다. 이상에서 묘사된 산파의 산과 의학 지식 부족, 생명에 대한 경시, 탐욕과 환자에 대한 갈취 등은 근대 중국 사회에도 산파에 대한 편견과 부정적인 인식으로 이어졌다는 것을 알 수 있다.

한편, '수생파', '접생파', '온파'라는 호칭은 '아이를 전문으로 받는 여성'이라는 기존의 의미에서 점차 '서양 산과 의학을 배우지 않은 전통 시대의 산파, 혹은 구식 산파'의 의미로 변하고 있었다. 이러한 구식 산파는 종종 문제를 일으켰는데 가장 심각한 경우는 산모와 아이를 사망하게 하는 것이었다. 당시 신문에는 용의(엉터리 의사)와 함께 '구식 산파'가 환자를 해쳤다는 기사가 자주 등장했다. 이런 상해(傷害) 사건에서 눈에 띄는 비난은 산파가 분만 지식이 부족한 것을 물론이고, 기본적인 '소독'의 개념조차 이해하지 못하여 더러운 손과 도구로 산모와 아이를 죽게 했다는 것이었다. 특히 민국시대 이후 많은 산모가 출산 이후 '산욕열'(産褥熱)로 인해 사망하게 된다는 것이 알려졌는데, 주로 소독하지 않은 산파의 손과 도구

---

64   「收生婆受責(附圖)」, 『輿論時事報圖畫』, 1909. 七月初一., 3면.

때문이라는 비난이 잇달았다.

H. 산후열(産後熱)이라는 병은 매우 위험한데 일반인은 그 유래를 몰라 예방할 도리가 없었다.… 산후열은 산모가 출산 후 일주일 내에 발생하는 한열병(寒熱病)을 말하며, 심할 경우 전신에 퍼지기 때문에 치명적이고 가볍게는 한 곳에 발생하지만 잘 낫지 않는다. 그 원인은 미생균이 자궁에 침입하고 산모의 자궁에 상처가 나서 천연 저항력이 크게 감소하면 미생균이 침투하여 그 안에서 번식하고 이 균이 혈액에 퍼져 전신에 퍼지게 되어 한열(寒熱)이 발생하는 것이다.… 균이 침입하게 되는 매개체는 접생자가 소독을 거치지 않고 손이나 기구를 사용했기 때문이다.…[65]

I. 상하이 푸동 염성인(盐城人) 진해파(陈海波)의 처 이씨가 분만할 때 구식 온파(稳婆)를 불렀는데 함부로 수술을 하여 그만 이씨가 사망하였다.… 과학적인 출산은 무엇보다 소독이 가장 중요한데 밖에서의 병균이 산모의 체내에 들어오는 것을 막아주어 위험한 산욕열 등을 방지하기 때문이다. 구식 산파는 경험이 제한적이어서 소독법이 무엇인지조차 모른다. 순산일 때에도 산파는 세균으로 가득찬 손을 산도에 집어넣고, 더러운 천을 사용하여 손상된 음문을 문지르고, 소독하지 않은 가위나 도자기 편으로 탯줄을 자르는 등 위험천만하다.… 구식 산파의 이러한 위험한 행동은 산모와 아이가 병에 걸리게 한다.… 이씨의 사망은 바로 두 온파 때문이다. 아마도 불량한

---

65   穀瑛, 「產後熱(Puerqeralfieber)原因之大概及穩婆接生之危險」, 『同濟雜志』, 1921-1, 47-48쪽.

접생(接生) 방법으로 사망하는 중국의 산모, 신생아가 무수할 것이다. 이것은 사람들의 지식이 부족하기 때문일 뿐만 아니라 산과의를 찾기 어렵기 때문일 것이다.… 바라건대 정부가 조산학교를 널리 개설하고 충분한 과학조산사를 양성하기를 바란다.…[66]

J. 산욕열의 원인은 무지한 온파(穩婆) 때문이다.… 이전 사람들은 비록 산후열과 미생물 전염의 관계에 대해서는 몰랐지만, 온파가 함부로 손을 쓰는 것을 비판하고 좋지 않은 것으로 생각하였다. 예를 들어 『달생편』은 온파가 "어리석고 이치를 모르며… 손을 산문(産門)에 함부로 집어넣고 상처를 낸다."라고 비판하였다.… 당시에도 온파의 손, 손톱에 불만이 많았던 것을 볼 수 있다.… 온파가 아이를 받을 때 불결하면 한열병을 일으킨다. 이 병은 한번 발생하면 매우 흉악하여 생명을 보장하기 어렵다.… 산도에 접촉하는 것은 무엇이든 모두 소독하여 어떤 미생물도 있어서는 안 된다. 때문에 소독은 의사가 결코 소홀히 해서는 안 되는 것이다.… 시급히 학식이 있는 온파를 양성하고… 배운 것이 없고 사람을 해치는 온파는 단속해야 한다.… 현재 새로운 법으로 속성한 온파는 여전히 불만족스럽다. 구식 온파가 아무리 좋아도 소독을 제대로 배우지 않고, 소홀하기 때문에 위험이 사라지지 않을 것이다….[67]

1900년대 무렵 중국 사회에는 산모가 출산 후 병이 나고 사망하게 되는

---

66   李茱,「接生變成送死, 菅舊式穩婆誤人」,『婦女醫報』, 1933-1, 17-18쪽.
67   穀瑛,「産後熱原因之大槪及穩婆接生之危險」,『同濟雜志』, 1921-1, 47-48쪽.

원인이 '소독'을 거치지 않아 '산욕열/산후열'이 발생하기 때문이라는 근대 의학 지식이 전파되었다. 그러나 이미 예전부터 중국 사회는 산모가 출산 후 얻는 병과 치료법에 대해 연구해 왔고 중의학에서는 이러한 질환을 '한열병'(寒熱病)이라고 정의했다. '한'과 '열'의 증상이 교대로 일어나기 때문에 한열병이라고 부르며 "산후 한열은 기혈의 허약, 혹은 비위의 손상 때문에 일어난다."고 여겼다. 즉 근대 서양의학에서는 '세균'의 존재를 통해 산욕열의 원인을 밝혀냈지만, 중의학에서는 전혀 다른 방법으로 원인을 설명해 왔던 것이다. 또한 H, I에서는 병의 원인인 '미생균'(세균)을 없애는 '소독'이 산욕열을 막는 새로운 방법으로 제시되었는데, 사실 근대 세균학이 중국에 소개되기 이전부터 전통 중의학과 민간의 출산 풍습에서는 탯줄 제거 등의 출산 과정에서 '청결'을 강조했으며 나름대로 '멸균'의 조치를 해왔다.[68] 그러나 근대 매체에서는 전통 사회의 출산 관행과 중의학의 성과를 인정하지 않았고 산모의 높은 사망률을 '무지한 산파의 더러운 손' 탓으로 여겼다. 산파강습소, 산파학교 등에서는 구식 산파를 대상으로 근대 서양의학의 산과 지식과 소독 방법을 집중적으로 교육했으며,[69] 교육 받은 산파는 앞치마를 두르고 소독 도구와 분만 도구가 담긴 가방을 항상 지참하게 하였다. 〈사진1〉, 〈사진2〉[70] 그러나 자료 I에서처럼 여

---

68 張璐, 앞의 논문, 161-168쪽.

69 汪惕予, 「産婆學講義(附圖)」, 『醫學世界』, 1913-18, 16-37쪽.; 「管理接生婆規則(十七年八月三日公布)」, 『杭州市國醫公會年刊』, 1933-1, 61-62쪽.; 「接生婆須知, 管理接生婆規則」中華民國十七年七月, 『國民政府內政府』

70 「保健設施三, 婦嬰衛生之管理與提倡, (一)接生婆之訓練(附照片)」, 『南京市政府衛生局十九年年刊』, 1931-4, 96쪽.; 「杭州市接生婆訓練第一屆訓練期滿攝影(十九年五月八日)照片」, 『市政月刊』, 1930, 3-5, 1쪽.

전히 속성 교육 과정을 받은 구식 산파를 신뢰하지 않는 여론도 적지 않았다.

정부와 매체의 담론에서 구식 산파는 오염, 비위생, 비과학의 이미지가 굳어졌으며 '낙후성'의 상징이 되었다. 즉, 근대 이후 화보, 기사에서는 산파의 사회적 영향력을 결정하는 요소였던 오랜 경험과 지식, 여성과의 유대관계, 세삼례와 같은 행사에서의 주도적인 역할 등의 가치가 점차 낮아지거나 무시되었고 산파의 긍정적인 이미지 또한 사라지고 있었다. 신뢰할 수 있는 '좋은' 산파를 묘사하는 전통적인 표현들은 점차 구식 산파의 단점으로 묘사되었고 산파가 갖추어야 할 가장 중요한 덕목은 대대로 내려온 경험과 지긋한 나이, 겸손함, 마을의 평판이 아니라 '소독'과 '위생'이었다.

2) 조산사, 산과의사의 이미지와 현실

그렇다면 '구식 산파'와 대비되는 '신식 산파'는 근대 매체에서 어떻게 소개되고 어떤 이미지를 전달하였을까. 청 말 중국의 매체는 일본의 위생 제도와 교육을 소개하면서 일본에서 신식 산과 교육을 받은 사람들을 가리켰던 '산파'(產婆)의 호칭을 도입하였다. '산파'(產婆)는 본래 송대 중국에서 사용되었던 호칭이지만 원대 이후 쓰이지 않다가 근대 이후 위생 행정이 등장하고 산파에 대한 단속, 통제가 시작되면서 다시 중국 사회에 등장한 것이다. '산파'(產婆)는 한동안 구식 산파 및 신식 교육을 받은 산파를 부르는 호칭으로 사용되었다. 그러나 기존의 산파(온파, 접생파, 수생파 등)가 출산 전후의 모든 행위를 주관하는 존재였던 것에 비해 신식 산파는 탯줄 끊기, 관장, 소독 등에만 참여하고 의사의 보조를 하는 제한적인 역할을 맡게 되었다. 일본에서는 다시 산파(産婆) 대신 조산부(助産婦)라는 호칭으로 신식 산파를 불렀는데 중국에서는 여전히 '산파'(産婆)가 신·구 산파를 아우르는 용어로 사용되었다. 그러다가 1930년대 무렵에는 중국에서도 신식 산파를 새롭게 조산(助産)이라는 이라는 용어로 불러 구식 산파와 구분하기 시작하였다. 산파라는 호칭 대신 조산(助産)이라는 용어를 사용하게 된 것은 기존의 구식 산파와 신식 산파를 혼용하는 것에 대한 거부감이 작용하였기 때문이다.[71]

또한 산파의 '파'(婆)라는 호칭은 점차 '낙후성'과 '구식 산파'를 상징하는 말로 굳어지는 것으로 보인다. 1920년대 말 신문의 논설에는 '산파'(産婆)라는 말을 신식 교육을 받은 젊은 청년에게 사용하는 것이 맞지 않다는 주장이 자주 등장하였다. 예를 들어 1928년 2월 『정보(晶報)』에 실린 「산파의 명칭을 반대한다」는 글에서는 산과(産科)에서 일하는 여성들이 상하이 위생국이 그들을 '산파'(産婆)로 통칭하는 것을 거부한다는 소식을 전달하였다.[72] 글에서는 신식 산과 교육을 받은 여성들이 '산파'(産婆)로 불리는 것을 거부하는 이유를 설명하는데 첫째, 당시 산파라는 명칭이 삼고육파(三姑六婆)의 하나로 치부되기 때문이고, 둘째, '파'(婆)의 명칭이 보통 연로한 기혼의 여성을 의미하기 때문에 대부분 미혼의 젊은 여성들인 산과 학생들을 산파로 부르는 것은 맞지 않는다는 이유였다. 산파의 '파'(婆)의 칭호는 본래 '연로함' 외에도 풍부한 경험과 원숙함을 의미하기도 했지만,

---

71   張璐, 앞의 논문, 153-163쪽.
72   陸明晦, 「産婆的名稱問題」, 『申報』, 1928. 3. 1., 16면.

점차 신식 산과술을 이해하지 못하고 시대에 뒤처진, 노후한 구식 산파의 이미지를 전달하였고 서양 산과학을 배운 여성들이 사용하기 꺼리게 되어 새로운 명칭을 요구하게 된 것이다.

매체에서 '조산여사', '조산사'는 구식 산파의 '노후함', '무지', '비위생'과 대비되며 '젊음'과 '신식', '과학'의 이미지를 전달하였다. 『의조월간(醫潮月刊)』에서는 풍자적인 '시'를 통해 구식 산파의 비위생, 무능력과 뻔뻔함을 비판하면서 신식 서양 분만법을 칭찬하기도 하였다.

> K. 나의 명은 정말로 고통스럽구나, 출산이 임박하여 접생파를 부르니
> 한쌍의 더러운 손은 흙 묻은 것을 비비고, 까만 손톱은 그 길이가 한 촌이나 된다.
> 한 차례의 복통이 와서 소리를 지르면, 접생파는 곧 손으로 아이를 함부로 잡아당기고
> (산모의) 눈이 흐릿해지고 등도 활처럼 굽으면 남편은 다급하여 발만 동동 구른다!
> 아이가 밖으로 나와 앙앙 울면 산파는 도자기 편으로 탯줄을 자르니, 가련한 아이는 중독되어 갑자기 발작하고 7일 제풍(臍風)이 발생하여 그만 염라를 만나게 되었다.
> 그러나 접생파는 한열병이 발생하는 것은 어쩔 도리가 없다고 큰소리친다.
> 위생원(衛生院)은 아이는 다음에 낳으면 된다고 위로하니 새로운 접생법은 장점이 많도다![73]

---

73 垣, 「接生婆(孟薑女調)詩歌」, 『醫潮月刊』, 1948, 2-10, 20쪽.

이에 비해 조산사는 병원을 배경으로 정갈하고 하얀 복장을 한 청년이었으며, 서양 의료 도구를 다루고 산모와 아이를 돌보는 모습으로 그려졌다. 〈사진 3〉[74], 〈사진4〉[75] 1910년대 상하이의 한 산과의원에서는 신식 조산사의 이미지를 전면으로 내세우며 병원을 광고하기도 했다.

〈그림8〉병원의 광고와 신식 조산사의 이미지(「專門產科醫生新法接生」, 『新聞報』, 1916. 9. 16., 13면).

L. 의학사(醫學士) 葉理衡(예리형), 여의사 盧少援(루샤오위엔). 두 사람은 산과를 전공하여 상하이에 의원을 개업한 지 여러 해가 되었다. (의원은) (태아의)횡아(橫生), 역아(逆產) 등의 위험을 치료하여 이미 각계에서 칭찬이 자자하다. 경력이 많을수록 학식 또한 풍부하기 때문이다. 현재 서양의 접생법을 널리 보급하려는 것은 힘이 없는 사람들이 출산 시 쉽게 의사를 부를 수 있게 하기 위해서이다.[76] 〈그림8〉

이와 같이 각종 화보와 신문기사, 시를 통해 구식 산파는 나이 든 여성

74   許久,「安全接生之步驟, 中德助產醫院的助產工作」,『特寫』, 1937-16, 12쪽.
75   「新生代是怎樣產生的」,『今日畫報』, 1948-3, 16면.
76   「專門產科醫生新法接生」,『新聞報』, 1916. 9. 16., 13면.

과 중국 의학의 낙후성을 상징하는 모습으로, 조산사와 같은 신식 산파와 산과의사는 젊고 유능하며 과학 문명을 상징하는 모습으로 그려졌다. 이러한 이미지의 생산은 산파의 역할과 사회 지위를 격하시키고 입지를 좁혔으며, 대중이 구식 산파를 부정적으로 인식하는 데 많은 영향을 미쳤다고 할 수 있다. 이전에는 산파의 경험을 상징하는 '나이든 여성'의 이미지가 낙후와 비전문성을 떠올리게 하고 조산사가 파(婆)라는 호칭을 거부하게 된 것은 매체가 생산하고 구축했던 산파의 부정적인 이미지의 영향 탓이라고 볼 수 있다.

그렇다면 매체에서 선전하는 것처럼 당시 중국 사회는 '비위생적이고 실력이 없는' 구식 산파를 점차 멀리하고 신식 조산사와 서양 산과의를 신뢰하였을까. 중국 여성들의 출산은 산과의사나 조산사의 손에서 이루어지고 서양식 산과의원이라는 장소에서 이루어지는 변화를 맞게 되었을까. 당시의 기록과 보고를 통해서 알 수 있는 것은 여전히 다수의 중국인들이 구식 산파를 찾았으며 집에서 출산을 하는 것을 선호했다는 것이다. 또한 1929년 저장성(浙江省) 위생 보고서의 〈도표1〉은 산파를 이용하는 비율이 조산사 비율보다 월등히 높다는 것을 잘 보여준다.[77]

정부와 신문매체가 전달하는 여론에서는 부정적인 구식 산파의 이미지를 형성하고 전달함과 동시에 대중이 구식 산파에 의존하여 출산하는 것을 우려하고 비판하였다. 1930년대의 톈진 지역의 한 신문기사는 사람들이 여전히 양의나 조산사보다 구식 산파를 선호하는 것을 우려하면서 그

---

77   浙江省民政廳,「六,統計圖表,浙江全省助産士接生婆人數統計圖」,『浙江民政月刊』, 1929-22, 1쪽.

이유를 비교적 객관적·구체적으로 분석하였다.

M. 부녀 직업의 하나 - 구식 접생의 온파

통계에 따르면 세계적으로 산모사망률이 가장 높은 나라의 하나가 중국이다. …산모와 영아가 사망하는 주요 원인은 바로 사회제도가 불량하기 때문이며… 부모의 유전, 생육 환경의 낙후, 그리고 산파(收生婆)가 무지하기 때문이다.… 여성의 출산은 여성 자신의 생명과 관련되고 나아가 민족의 건강과 민족의 번영에 영향을 미친다.… 그러나 출산 시 모자가 모두 사망하는 일이 하루에도 몇 번씩 일어난다.… 전통사회의 습관과 얕은 지식 때문에 거의 대부분의 부녀들은 출산시 구식 온파를 불러 돕게 한다. 구식 온파는 산과의 의학 상식이 전혀 없으며, 그들의 수술은 완벽하지도 않고 위생소독을 중시하지도 않는다.… 특히 농촌이나 광범위한 하층사회에서 이런 모습이 두드러질 것이다.

톈진(天津)은 과학·진보의 도시라고 할 수 있다.… 공립, 사립의원과 조산사, 양의를 통한 출산이 적지는 않지만 모두 구식 산파의 굳건한 영향력에 비할 바가 못된다. 온파는 무지한 노파일 뿐만 아니라 임신의 생리와 병리에 대해 잘 모른다. 그들의 직업은 집안 대대로 전해진 것으로 어머니에서 딸로, 시모에서 며느리로 전해졌으며… (전수되는 지식은) 완전히 개인적인 경험을 근거로 하는데… 예를 들어 "많이 먹고, 푹 자고, 천천히 분만에 임한다"는 말 같은 것이다. 물론 의학적으로 이런 말이 전혀 틀린 것은 아니다.… 그러나 그 외의 임신의 생리와 병리, 분만의 처치, 영아의 간호, 소독 방법, 모자의 안전 등을 논한다면 (구식 산파는) 위험하다.… 비록 모자가 안전하게 출산한다고 해도 출산 후 여러 가지 질병을 일으키니 얼마나 많은 고통과 위험 등의 비참한 일이 일어날지 잘 알 수 있다. 산욕열은 대개 온파의 손과 출산 도구가 소독되지 않아 일어난다. 오염된 손가락을 여성의 몸 안에 넣고 출산을 도우니 세균이 들어가는 매개가 된 것이다. 그 밖에도 경련, 출혈 과다, 태반의 불완전한 분리, 자궁수축의 이상 등의 위험이 있다. 영아의 경우 파상풍의 위험이 있다.…

이러한 구식 산파의 영업은 대개 매우 자유로우며 나이가 있고 약간의 방법을 아는 여성은 누구라도 '접생'을 생계를 해결할 수 있는 직업으로 삼을 수 있다. 붉은 줄과 간판을 문 앞에 걸고… 누군가 가르침을 청하면 곧 지긋한 나이를 내세우며 경륜을 뽐내고, "삼대가 접생을 했다", "경험이 많다"고 하며 장사를 한다. 이러한 여성들은 대개 생활이 곤궁하여 어쩔 수 없이 이러한 길을 가게 된 것이다. 동시에 중국 사회 조직의 결함인 종법 사회의 오랜 사상, 또는 양의에 대한 불신 때문에 산모의 집이 부유하여도 (구식)온파를 부르는데, (낯선)양의의 칼과 가위보다 온파를 더 신뢰하는 것이다. 동시에 과학화된 서양식 접생은 비용상 가난한 집의 여성이 감당하기 힘든 것이다.… 그녀들은 경제적 압박을 받고 있으며… 낮에 종일 일한 후 남편의 노예가 되고 혹은 빛이 들지 않는 공장 안에서 일한다. 즉 출산은 그녀들에게 하나의 번거로운 일에 불과하다.… 또한 그녀들은 자산 계층 여성들처럼 출산이 임박했을 때 간호 받으며 안정적으로 휴식과 산후조리를 하고 병원에 입원하기 힘들다. 그저 아무때나 편하게 온파를 불러 출산하는 것을 선호한다. 지출하는 비용도 자연히 저렴하다. 이러한 경제 배경 때문에 구식 산파가 취체(取締)되지 않는 것이다. 심지어 무산계급이 빈곤 기아에 시달릴 때는 출산 비용마저 마련할 수 없어 (정식 온파가 아닌) 그저 나이 많고 경험이 있는 부인을 청하여 아이를 낳거나 혼자 낳기도 한다. …또한 구식 산파는 산모의 가정형편에 따라 비용을 받는데 보통 한 명당 1원인데 더 적게는 1, 2각 정도만 받기도 하고 많게는 8원-10원 심지어 20-30원을 받기도 한다. …아이가 태어나면 역시 경제 상황에 따라 세삼, 만월에는 액수 외의 상을 받을 수 있고, 붉은 계란이나 찐빵 등을 받기도 한다.[78]

이 기사를 통해 당시 중국 사회가 여전히 구식 산파를 선호했던 이유와 산파취체가 어려웠던 이유를 파악할 수 있다. 우선 산파는 생계가 곤궁한 나이 많은 여성이 비교적 쉽게 시도할 수 있는 직업이었다. 많은 중국여성과 가족은 출산을 병원과 양의의 손에 맡기는 것을 낯설게 여겼고, 산과의사가 남성일 경우 이러한 거부감은 더 컸다. 사람들은 자신의 집안과 오랫동안 교류했던 산파에게 출산을 맡기는 것을 마음 편하게 여겼다. 둘째, 경제적인 문제와 가정환경이 영향을 미쳤음을 짐작할 수 있다. 서양식 산과 병원과 조산사를 통한 출산은 적지 않은 비용이 들었기 때문에 저렴한 산파를 선택했다. 산파는 산모의 가정형편에 따라 아이 받는 수고비를 융통성 있게 조절하기도 했다. 셋째, 근대 위생 행정과 제도는 산파뿐만 아니라 산모에게도 많은 제약을 가했다. 조산사나 병원을 찾아 출산을 하기 위해서는 예약을 해야 하고 서류를 작성하고 절차를 따라야 했다. 그러나 구식 산파는 위의 신문기사에서 말하는 것처럼 조산사나 병원에 비해 '아무때나' 편하게 부를 수 있는 존재였다. 구식 산파는 오랫동안 알고 지낸 이웃의 할머니이자 아주머니였으며 산모의 가정형편이나 상황을 잘 알고 있는 사람이기도 했다. 이러한 '편의성' 때문에 암암리에 출산

---

78 「婦女職業之一舊式接生的穩婆」, 『益世報(天津版)』, 1933. 11. 27., 14면.

과 낙태를 해야 하는 사람들은 구식 산파를 불렀다. 당시 신문에는 간통으로 아이를 임신한 산모와 남자가 은밀히 산파를 불러 낙태를 행하다가 산모가 사망하거나 낙태 시술이 들통이 나서 '낙태죄'로 처벌받았다는 기사가 종종 실렸다.[79] 이들이 구식 산파를 불렀던 것은 산파를 통하면 '행정과 법의 제약'을 벗어날 수 있는 여지가 있기 때문이었다.

더구나 산파뿐만 아니라 산과의사나 조산사도 산모의 출산 과정에서 의료 사고를 일으키며 산모의 가족과 갈등을 빚기도 했다. 당시에는 구식 산파가 일으켰던 산모의 사망 사건뿐만 아니라 산과의사와 조산사가 일으켰던 의료사고 보도도 적지 않았다.

> N. 장하영(张阿荣)의 처 장임(张任)씨가 출산에 임박하여 모 산과의원의 주임 장청부(张青芙)를 청하여 출산을 하였다. 의사 장씨가 태아를 여러 조각으로 분해하여 꺼내면서 산모의 몸에 상처를 내 결국 산모도 사망하고 말았다. 남편 장하영은 의사 장씨를 산모와 태아를 죽인 두 가지 혐의로 고소 고발하였다.[80]

> O. 지난 화요일 난타오(nantao)에서는 산부인과 의사가 위태로운 난산의 상황에서 겸자를 잘못 사용하여 아이와 산모를 해친 비고의적 살인 혐의로 법정에 기소되었다. …환자(산모) Chen Mai sze가 출산 통증으로 괴로워하자 그녀의 남편은 산모를 Kwan Chi 길(street)에 있는 SinSin 산과의원의 의사

79 「穩婆為婦人墮胎徒刑二年四月」, 『新聞報』, 1935. 4. 20., 3면.
80 「産科醫生連傷兩命」, 『民國日報』, 1922. 9. 6., 11면.

Lee Hsun sin과 산호사 Chow Wen-ching를 집으로 불렀다. 출산이 늦어지고 산모가 끔찍한 고통으로 괴로워하자 의사 Lee는 겸자(forceps)를 쓰는 시술을 권유하였다. 그는 겸자를 산모의 자궁으로 밀어넣었으나 분만에 실패하였다. 출산이 계속 지체된 이후 의사는 어떤 설명도 없이 떠나 버렸다. … (이후에) 비록 아이는 나왔으나 산모는 겸자 사용으로 얻은 상처로 그만 사망하고 말았고 자궁 또한 손상되었다. 남편은 이 사건을 경찰에 알렸고, 의사와 간호사 모두가 경찰에 불려갔으며 지방 검찰로 불려가 조사를 받았다.[81]

1920~30년대에는 산과의사와 조산사를 고발하는 의료 소송이 본격적으로 늘어나는데, 이것은 당시 중국 사회가 조산사나 서양 산과의를 무조건적으로 신뢰하지 않았다는 것을 보여준다. 또한 중국의 산모들은 산과의사와 조산사가 사용하는 의료기구에 거부감과 공포를 느꼈는데, 의사가 겸자를 사용하다가 산모가 사망했다는 기사는 이러한 거부감을 더욱 자극했을 것이다. 기사 O에서 산과의사는 겸자를 잘못 사용했을 뿐만 아니라 산모에게 어떤 설명도 없이 무책임하게 떠나 버렸다. 신문보도는 구식 산파가 소독을 하지 않은 더러운 손과 도구로 산욕열을 일으키고 무책임하고 뻔뻔한 태도로 산모를 대한다고 비판하였으나, 사실 조산사나 산과의사 역시 모든 산모를 구제하고 안전한 출산을 보장할 수 있는 것은 아니었으며 산모에게 신뢰를 주지 못했던 면이 있었다.

즉, 신문 매체에서는 무지하고 비위생적인 구식 산파를 비난하고 이들이 일으킨 산모의 사망 사건을 연일 보도하였으나, 여전히 적지 않은 사람

---

81 "Obstetrician Charged For Birth Failure", *The China Press*, 1946. 11. 22., 2면.

들은 구식 산파를 선택하였다. 물론 정부와 매체에서 구축했던 구식 산파의 낙후성과 비위생, 무지함, 비천함 등의 이미지 때문에 산파들은 점차 사람들의 존중을 받지 못하고 무시를 받았다. 조산사들은 파(婆)라는 호칭을 거부하며 자신을 구식 산파와 구분하려고 했고, 젊은 지식인들은 "구식 산파 고용을 주의하자", "구식 산파를 개량하자", "무식한 접생파를 사용하지 말자", "구식 산파와 조산사는 엄연히 다르다"고 주장하였다. 때문에 당시 매체가 구축했던 구식 산파의 부정적인 이미지는 서양의학에 근거한 신식 조산법이 사회에 전파되고 조산사의 사회 지위가 높아지는 데 적지 않은 영향을 미쳤던 것으로 보인다. 그러나 구식 산파의 영향력은 쉽게 사라지지 않았다. 각 지역 정부에서는 산파 취체와 위생 행정을 시행하며 산파의 권한을 축소시켰고, 규칙을 따르지 않는 산파의 자격증을 몰수하는 조치를 취하였다. 그러나 한편으로는 농촌지역이나 낙후된 지역일수록 턱없이 모자란 신식 조산사와 산과의사의 숫자 때문에 산파를 교육하여 활용해야 해야 하는 현실도 무시할 수 없었다. 1949년 신중국이 건국될 때까지 산파는 여전히 농촌과 사회 하층 여성들의 출산을 돕는 중요한 존재였다.

4. 맺음말

중국 사회에는 고대부터 '아이 받는 일을 전문으로 하는 자'가 나타났고 대개 여성이 이러한 역할을 수행했다. 이들은 다양한 이름으로 불려왔으며 명청 대에는 온파, 접생파, 수생파 등의 호칭을 사용하였다. 전종접대를 중요시했던 중국 사회에서 여성의 건강한 출산은 매우 중요했기 때문에 '아이를 받는 여성'은 많은 관심을 받았다. 그런데 산파는 이러한 중요한 역할을 수행했음에도 불구하고 남성 의사와 문인들에게 의료적 기술이 부족하고 부도덕한 존재로 평가되기도 하였다. 산파를 폄하하는 시각은 주로 송대 이후 신유학 권위가 확대되고 성별 분리가 강해지면서 강화되었다. 특히 명청 대에는 사대부 엘리트 계층과 '유의'(儒醫)로 대표되는 남성 의사들이 산파의 무지함과 부도덕함을 비난하였고, 주로 남성들이 저자였던 문학작품에서도 산파는 함부로 출산 과정을 재촉하고 산모를 위험에 빠트리며 돈만 밝히는 탐욕스러운 존재로 묘사되기도 했다. 명청 대의 대표적인 통속 산과의서인 『달생편』 역시 남성 위주의 도덕적 규율과 행위를 산모에게 강요하면서, 산파를 출산 과정에 인위적으로 개입하여 난산을 초래하는 '성급하고', '인내심 없는', '우매한' 존재로 형상화했다.

그러나 한편으로 산파들은 남성 의사들이 제공할 수 없는 의료 서비스를 여성에게 제공하면서 분만과 출산 의례의 영역에서 전문 역할을 수행하였다. 일부 통속 소설과 산과의서에는 분만의 과정에 없어서는 안 될 '경험 많고', '노련하고', '신뢰할 만한' 여성으로서의 산파의 이미지도 존재했다. 특히 산파는 가정 내 여성들과 산모와 유대관계를 맺으며 아이를 출산한 뒤에도 각종 의례에 참여하며 아이의 건강과 행운을 빌어주는 중요한 존재였다.

그러나 아편전쟁과 청일전쟁의 실패 이후 중국 사회에 위생이 중요한 화두가 되면서 여성의 출산은 부국강병, 강종을 이루는 관건이 되었다. 때문에 여성의 출산을 맡았던 산파에 대한 단속(취체)이 시작되고 이들을 '구식 산파'로 분류하기 시작했다. 그리고 신식 서양식 산과의학을 배운 의사나 조산사가 등장했다. 산파의 사회적인 역할은 축소되었고, 기존의 부정적인 이미지(무지함, 부도덕함, 탐욕)와 더불어 비위생,낙후성, 비천함 등의 이미지가 추가되었다. 특히 전통 시대 좋은 산파의 조건인 '나이 듦', '많은 경험' 등은 무시되거나 단점으로 바뀌었다. 대신 근대 사회에서 산파가 갖추어야 할 미덕은 소독과 위생이 되었다. 정부나 신문매체는 이러한 구식 산파가 일으키는 문제들을 대대적으로 보도하고 부정적인 이미지를 구축하였다. 그 결과 산파의 역할과 사회 지위가 격하되었으며, 서양 산과의학과 신식 조산사, 조산법이 사회에 전파되는 데 적지 않은 영향을 미쳤다. 그러나 구식 산파의 영향력은 사라지지 않았다. 조산사와 의사의 숫자는 부족했고 정부에서는 산파를 교육해서 활용해야 했다. 산모와 가정에서도 구식 산파를 찾는 비율이 높았다. 경제적인 부담, 양의사와 수술 도구에 대한 거부감, 편의성 등의 이유 외에도 위생 행정과 제약에 대한 거부 때문에 사람들은 여전히 구식 산파를 통해 출산을 하였다. 그 결과 1949년 신중국이 성립되는 무렵에도 여전히 구식 산파는 농촌과 사회 하층 여성들의 출산을 돕는 역할을 맡으며 중국 사회에서 생존할 수 있었다.

〈사진1〉 난징시(南京市)의 산파훈련을 수료한 산파들의 기념사진. 소독도구와 분만도구가 든 가방을 들고 있다(「保健設施三, 婦嬰衛生之管理與提倡. (一)接生婆之訓練(附照片)」, 『南京市政府衛生局十九年年刊』, 1931-4, 96쪽).

〈사진2〉 항저우시(杭州市)의 산파훈련을 수료한 산파들의 기념사진. 소독도구와 분만도구가 든 가방을 들고 있다(「杭州市接生婆訓練第一屆訓練期滿攝影(十九年五月八日)照片」, 『市政月刊』, 1930, 3-5, 1쪽).

〈사진3〉 산과 병원에서 일하는 신식 조산사의 모습(許久,「安全接生之步驟, 中德助産醫院的助産工作」,『特寫』,1937-16, 12쪽).

〈사진4〉 산과 병원에서 일하는 신식 조산사의 모습(「新生代是怎樣産生的」,『今日畫報』, 1948-3, 16면).

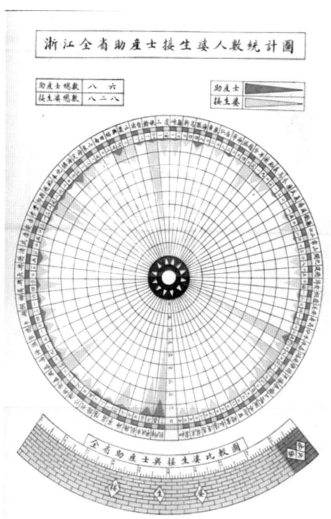

〈도표1〉 1929년 중국 저장성(浙江省)의 위생보고서의 도표. 짙은 색이 조산사, 옅은 색이 구식 산파의 이용비율. 신식 조산사에 우호적이었던 언론매체에 비해 실제 절강성 주민이 산파에 의지하여 출산하는 비중이 높았음을 보여준다(浙江省民政廳, 「六.統計圖表,浙江全省助產士接生婆人數統計圖」, 『浙江民政月刊』, 1929-22, 1쪽).

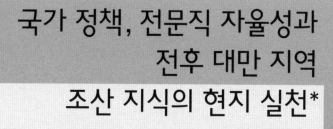

국가 정책, 전문직 자율성과
전후 대만 지역
조산 지식의 현지 실천*

— 1950~1980년대를 중심으로

장수칭 (張淑卿, 타이완 장경대학의학과長庚大學醫學系 인문·사회의학과
교수, 타이완 린커우장경의원(林口長庚醫院) 병리과 초빙연구원)

* 이 글은 「전문직, 권력과 교육–조산 교육 중단에 대한 논의」라는 글을 각색한 것으로
원문은 『제5차 과학사 세미나 논문집』, 타이베이: 중앙연구원 중국과학기술사위원회,
2000, 139-167쪽(『第五屆科學史研討會論文集』, 台北: 中央研究院中國科技史委員會,
2000年, pp.139-167)에 수록되어 있다.

1. 머리말

조산 교육은 직업교육의 일환에 속했고, 과거 대만의 직업교육은 크게 두 단계로 나눌 수 있다. 우선 민국57년(1968)에 실시한 9개년 국가교육정책 이전의 직업교육은 경제 건설 계획과 결부되었다. 주로 이공계 직업교육을 강조했으며 의료·간호 분야에서는 간호·조산 실습의 강화를 강조하였다. 이후 민국57년 9개년 국가교육(정책시행)은 진학 수요에 부응하기 위해 직업학교를 다수 증설했으며 의사간호학교는 약제 및 임상의학 유형의 과를 증설했다.[1] 즉 분명히 조산과 교육은 아직 경제 건설 계획 혹은 9개년 국가교육정책을 따라서 발전하지 않았다. 린치윈(林綺雲)은 조산사의 지위가 조직화와 전문화의 과정에서 이미 흔들렸다고 지적한 바가 있는데, 이 견해는 의사와 조산사가 아이를 받는 수의 증감, 산모에 대한 치료 행위의 변화로 입증될 수 있다. 결국 조산사는 의료 체제에서 도태되었다.[2]

---

1   郭為藩, 『中華民國開國七十年來之教育』, 台北: 廣文書局, 1984, 266-280쪽.
2   林綺雲, 「台灣助產士專学的變遷─社會學的解析與省思」, 『國立台北護專學報』10, 台北:

한편, 우지아링(吳嘉苓)은 의사법, 가정계획, 보험제도 등 제도들의 시행을 조산사가 의사들에 의해 전문 권리에서 배제되는 과정으로 보았다. 우지아링(吳嘉苓)은 1960-1970년대의 대만에서 현대식 교육을 받지 못한 산파가 이미 쇠퇴했으며, 조산사가 쇠퇴한 것은 기술이 부족해서가 아니라 사회가 변화한 결과라고 생각했다.[3] 귀원화(郭文華)는 조산사가 가정계획에서 배제되었고, 산부인과 의사처럼 피임기구(루프)를 설치할 수 없었으며, 게다가 '아이를 받는' 이러한 '시장'을 상실했기 때문이라고 여겼다.[4] 린이칭(林怡青)은 조산사의 관점에서 출발하여 정책 변화가 여성 출산 건강 업무에 미친 영향을 연구했고, 아울러 전문직 교육 정책과 보험 지불 정책을 착안점으로 삼아 정책 결정 과정, 정책 규정 내용과 정책 집행이 야기한 문제를 파악했으며, 나아가 여성주의 시각에서 부녀자의 출산과 간호에 내포된 권력관계를 분석했다. 그녀는 조산 전문교육의 중단과 건강보험 지불 계획의 결정은 완전히 주관 기관의 결정에 의한 것이며, 의사 전공을 장려하고 조산전공을 억제하는 방법은 또한 의사 전문성의 독단적인 성장, 불평등한 산모와의 권력관계를 보여준다고 여겼다.[5]

이 글에서는 조산사의 쇠퇴 원인을 논하려는 것이 아니라 조산교육의 중단이라는 주제에 초점을 맞추고자 한다. 대만은 민국79년(1990) 고등 조

台北護專, 1993, 269-284쪽.

3   Chia-Liang Wu, *Women, Medicine, and Power: The Social Transformation of Childbirth in Taiwan* (Illinois: University of Illinois,1997), pp. 26-58.

4   郭文華, 「一九五〇至七〇年代台灣家庭計畫—醫療政策與女性使之研究」, 新竹: 清華大學歷史所碩士論文, 1997, 144-146쪽.

5   林怡青, 「政策轉換對婦女生育健康服務之影響—助產士的觀點」, 台北: 陽明大學衛生福利研究所碩士論文, 1998, 140-144쪽.

산 교육을 중단했고 민국80년(1991) 5년제 간호조산과의 학생 모집을 중단하고 간호학과를 전문적으로 취급했다. 조산사가 아이를 받는 비율이 지나치게 낮아졌고 시장의 요구가 크지 않았다는 것이 중단 원인이었다. 그리고 국민건강보험 도입에 대처하기 위해 대량의 간호인원과 간호전문인원의 채용이 시급해졌기 때문에 간호학계 인사들은 모두 간호교육이 더 전문화되어야 한다고 동의했으며 조산 교육은 이러한 배경에서 잠시 중단되었다.

만약 조산 교육이 중단된 원인이 '전문화'라면 먼저 '전문직'이라는 단어의 정의에 대해 살펴볼 필요가 있다. '전문직'이라고 말하는 것은 어떤 특수 지식 기술을 갖고 있는 직업단체를 가리키며, 그 전문적 권위의 확립과 지위의 형성과 유지는 반드시 세 가지 조건을 갖추어야 한다. 첫 번째 조건은 일련의 지식 이론 체계를 가지고 전문적인 교육 기구를 통해 장기간 체계적으로 후학을 양성하는 것이며, 두 번째 조건은 전문협회와 사회조직이 형성되어 있어야 하며, 세 번째 조건은 자격증 제도의 권위성을 확립하는 것이다. 다시 말해 하나의 전문직은 반드시 '누가 이 직업에 종사할 자격이 있는가? 어떤 방식으로 서비스 내용이 제공되는가? 그리고 근무하기 이전에 어떤 교육을 받았는가?'를 분명하게 제시할 수 있어야 하며, 더 중요한 것은 다른 직업의 개입을 적극적으로 배척할 수 있고 이러한 유형의 지식 권위를 독점해서 권력의 범위가 이 직업 종사자에게만 해당되어야 한다.[6] 이 지식 체계에 대해 독점 능력을 갖고 있다는 주장은

---

6 본문의 '전문직' · '전문화'에 대한 견해는 주로Andrew Abbott, *The System of Professions: An Essay on the Division of Expert Labor*(Chicago: The University of

대만 서양의학의 의료 전문 지위를 취득하는 것과 다른 의료 전문직을 비주류화 하는 과정에서 가장 자주 사용되는 논거이지만,[7] 이러한 논의 방식은 또한 원래 간호와 조산이 함께 교육되던 것에서 어떻게 최종적으로 (조산 교육만) 중단되었는지 그 원인을 해석하는 데 사용될 수 있다.

본문의 목차 순서는 먼저 대만 조산 교육의 발전을 논하려고 한다. 현재 [대만의] 조산업계는 조산 교육이 서양 국가들과 동일하게 대학 차원에서 이루어지기를 요구하고 있다. 이 부분은 일제 시기와 전후(戰後)라는 두 개의 서로 다른 시공간적 맥락을 포함하고 있다. 두 번째로 조산 교육이 왜 중단되었는지, 교육부 · 보건국 · 조산계의 견해는 또 어떠했는지를 살펴보며, 마지막으로 이러한 분석을 통해 조산사와 대만의 의료 교육에 대해 훨씬 더 깊이 이해할 수 있기를 바란다.

2. 일제 시기 대만의 조산 교육과 산파

대만에 일본인이 오기 이전, 여성의 분만은 주로 책임산파(主子婆)와 보조산파(拾子婆)등의 산파가 맡았다.[8] 산파의 기원에는 세 가지가 있다. 첫

Chicago Press, 1988)를 참고했다. 또한 『新史學』 6-1, 1993, 231-238쪽에 실린 천두안룽(陳端容)의 이 책에 대한 서평도 참고할 수 있다.

7   張笠雲, 『醫療與社會』, 台北: 巨流圖書公司, 1998, 162-165쪽, 189-208쪽.

8   馮作民 역, 鈴木淸一郞, 『台灣舊慣習俗信仰』, 台北: 衆文圖書公司, 1989, 92쪽. 산파 이외에도 곁에서 돕는 사람이 두세 명 필요했다. 이러한 전통적인 산파는 자격증이 없었으며 경험에 근거해 아이를 받았고, 전업으로 하거나 다른 직업과 겸했으며 동네주민에게 (산파로) 고용되었다.

째, 기술이 숙련되고 아이를 받는 경험이 있던 사람, 둘째, 중의학 혹은 도교에서 출산 조리 방법을 습득한 사람, 셋째, 대대로 책임산파를 직업으로 해 온 사람이었다.[9] 아이를 받을 때 사용된 주요 도구는 가위, 삼실과 백반이었으며, 가위는 탯줄을 자르는 데 사용되고 삼실은 탯줄을 묶는 데 사용하며, 백반은 염증을 없애는 데 이용했다. 그러나 책임산파의 소독작업이 철저하지 못하여 가위에 녹이 스는 현상이 자주 발생했으므로, 파상풍이나 패혈증을 쉽게 유발하여 신생아 사망을 초래했다.[10] 대만에 일본 식민지정부가 세워진 이후에는 적극적으로 공공위생을 개선했는데 전염병(瘟疫) 퇴치, 풍토병 예방, 위생관념 고취와 신생아사망률 감소 등의 조치를 취했으며,[11] 산파 기술의 개량은 점차 중요 위생 정책 중 하나가 되었다.

　일본인이 대만에 온 초기에는 공공위생 정책의 중점이 전염병을 통제하는데 있었으며, 산파의 교육에는 적극적이지 않았다. 1902년에 이르러 총독부가 「산파양성규칙」을 제정하고 나서야 비로소 타이베이[台北] 병원에서 산파를 양성하기 시작했지만, 일본 국적의 간호사만 교육 대상으로 삼았다. 1907년이 되자 총독부는 「여성 조산사 실습생 규칙」을 반포하여 타이베이 병원에 강습소를 설립했고, 일본 국적의 산파를 양성하는 본과 이외에도 농촌 지역의 산파 부족 문제를 해결하기 위해 대만 국적의 산파를 전문적으로 양성하는 속성과를 설치했는데[12] 이것이 대만 국적의

9　台灣公醫會,『台灣の衛生狀態』, 1910, 60쪽.
10　玉灝,「台灣人生命之禮 : 制臍」,『中國時報』, 1993.3.15., 25면.
11　陳紹馨,『台灣的人口變遷與社會變遷』, 台北: 聯經出版事業公司, 1979, 160쪽.
12　『台灣總督府民政事務成績提要』第131編上, 明治40年分, 134-135쪽.

신식 산파를 교육하게 된 시초였다.[13] 1919년, '일본 · 대만인 차별교육 폐지', '일본 · 대만 공학제도' 등의 추세가 영향을 미치면서 총독부는 「총독부병원 여성 조산사 강습소 규정」을 반포했고, 1923년 다시 뒤이어 「총독부 여성 간호사 · 조산사의 강습소 규정」을 발표했다. 새롭게 반포된 이 두 가지 규칙에 따르면, 조산 강습소에 산부인과를 신설하여 속성과와 본과로 나누고 대만 국적 학생만 시험을 볼 수 있도록 제한했다.[14] 속성과의 수료기간은 1년으로 하고, 그 수업 내용은 조산을 위주로 했으며, 대만 국적의 여성만 시험 볼 수 있도록 했다. 본과 수료 기간은 2년으로 일본 · 대만 국적을 구분하지 않고 모두 시험 볼 수 있었으며, 1년 차에는 먼저 간호학과 학생과 함께 1년간의 간호교육을 받고, 2년차에 비로소 조산 훈련을 받았다. 본과와 조산과의 교육은 좀 달랐는데, 본과 실습은 일반적으로 산모가 출산이 임박해서야 분만실로 갔으며, 조산사가 어떻게 아이를 받는지 관찰했다. 속성과는 산모가 분만실로 이송된 이후 전 과정에 참여하여 출산이 끝날 때까지 지속되었으며, 만일 간호사 자격증이 있는 사람이 본과에 응시할 경우, 기초적인 의료 지식과 간호 훈련을 이미 받았기 때문에 1년 동안 이수하면 졸업이 가능했다.[15]

조산사 양성을 확대하기 위해, 타이베이 병원 외에 타이난(台南)지역 병원과 타이중(台中) 지역 병원에서도 1924년과 1925년에 계속해서 여성 간호사 · 조산사 강습소를 세웠으며, 산부인과 본과를 설립했다. 그 규정 및

---

13 신식 산파는 서양의학의 조산 교육과 학교훈련을 받은 사람을 말하며 전통적인 산파, 책임산파와는 다르다

14 佐藤會哲,『台灣衛生年鑑』, 台北: 台衛新報社, 1932, 103쪽.

15 游鑑明,『走過兩個時代的台灣職業婦女訪問紀錄』, 台北: 中研院近史所, 1994, 25-26쪽.

교육 방식은 타이베이 병원의 본과 과정을 따라 이루어졌으며, 양성된 산파는 대만 국적 여성의 비율이 높았다. 일본 정부는 장기적이고 완전한 산파교육 체계를 세울 생각이 없었기 때문에 의료 기구를 통해 조산사를 단기간에 속성하는 이러한 실습 방식이 일제 시기 신식 산파를 양성하는 주류가 되었다. 그러나 공립병원이 양성한 산파의 인원수는 극히 제한적이어서 대만 전 지역에 보급될 수 없었으며, 도시 지역에 집중되었다. 총독부는 농촌 지역의 산파 부족 문제를 해결하기 위해 단기적인 산파 강습회를 곧 각 지역에 열었고, 주(州)에서 군(郡)·가(街)·장(庄) 지역으로 점차 확산되어 산파를 양성하는 일이 곧 지방의 기층사회에 자리를 잡았다. 그러나 이러한 유형의 강습회는 병원에 부속된 여성 조산사 강습소와는 커다란 차이가 있었다. 지방 강습회의 참가 대상은 전통 산파였으며, 주로 신식 산파의 부족한 숫자를 보충하기 위해 실시된 것이었다. 강습 기간은 대략 3일이었고 강습 내용은 대체로 간단명료하여 이해하기 쉬웠다. 강사는 각 군의 공의(公醫), 경찰의사와 합격한 산파에게 위탁하여 충당했다.[16] 이러한 유형의 강습회에서는 출산에 필요한 도구의 소독, 산후조리 등의 주로 '새로운 지식'을 전달할 뿐, '새로운 기술'을 전수하는 것은 아니었다. 이 밖에도 또한 개인병원에서 자체적으로 개설한 산파 강습소가 있었으며,[17] 그 목적은 산파를 양성하여 사회에 복무하게 하고 위생 사

---

16 游鑑明,「日據時期的産婆」,『近代中國婦女史研究』1, 台北: 中研院近史所, 1993, 60-61쪽.
17 공학교를 졸업한 여성이라면 결혼여부를 막론하고 모두 개인병원에서 개설한 산파 강습소에 참여할 수 있었으며, 시험내용이 결코 어렵지 않았고 모두 공학교의 수업 내용이었다. 당시 가장 유명했던 곳은 대만 제1 여의사 채아신(蔡阿信)이 개설한 타이중 칭신[台中淸信]병원 부설 산파 강습소였다. 이러한 유형의 산파 강습소는 졸업 이후에 바로 개업할 수 없었고, 총독부가 주관하는 시험에 응시해야만 했으며, 통과한 이후에 비

상을 보급하는 것이었다. 개업한 산파에 따르면, 1920년 중기 이후 새로운 조산업 시장에서 아이를 받는 비율은 약 40%밖에 되지 않았다고 한다. 그 원인은 아마도 아이를 받는 일이 고되고, 의사는 비교적 병원에서 진료하는 것을 원했으며, 농촌사회의 여성이 모두 비교적 보수적이어서 남자의사를 받아들이지 못했기 때문으로 보인다.[18]

1936년 이후, 조산 교육의 내용은 새로운 과학적 발견에 따라서 새로운 지식과 기술을 충실히 전수했다. 당시의 산부인과는 임신중독증, 신생아 면역학, 이상분만 수술, 미숙아 치료 등 방면에서 이미 장족의 발전이 있었고, 비록 산파가 정상적인 분만에만 동원되었지만 이러한 지식들도 조산 교육 내용 안에 포함되었다. 1926년에는 개업한 조산사를 중심으로 '도북산파회'(島北産婆會, 지금의 조산사공회)가 결성되었다. 설립 목적은 산파의 개업을 관리하는 것으로, 산파를 위한 직업훈련을 실시하고 조산업의 발전을 모색했다. 산파회는 매년 두 차례 회의를 개최했는데 회의에서는 산부인과의 신기술을 소개하는 것 외에도 경험이 풍부한 산부인과 의사를 초청하여 지도를 받았다.[19]

간단히 말하면, 일본인이 대만을 통치했던 기간 동안 정규 산파학교를 세우지 않아서 (당시의) 산파는 단기간에 속성으로 양성했던 산파 인재에 불과했다. 그러나 일본인이 이에 대해 관심을 기울여 공공위생, 여성 · 아

로소 개업 자격증을 얻을 수 있었다. 양야후이(楊雅惠)의 구영도(邱英桃) 조산사의 인터뷰 부분을 참고. 楊雅惠, 『阮的心內話』, 板橋: 台北縣立文化中心, 1996, 201-202쪽.

18   台北市文獻會, 「台北醫護座談會紀錄」, 『台北文獻』直字118, 台北: 台北市文獻會, 1996, 19쪽.

19   林王美園, 「助産士功能的回顧與展望」, 『助産雜誌』11, 1985, 3쪽.

동 위생 발전에 도움이 되었다는 것은 논쟁할 여지가 없는 사실이다.

3. 1950~1980년대 대만 조산사 교육의 발전

국민정부는 대만에 온 뒤 조산사 교육을 다시 교육부의 관할로 하였고, 이후 조산 교육은 병원의 도제식 훈련에서 벗어나 학교 체제 속에 포함되는 변화를 겪었다. 대만은 1940년대에서 60년대까지 산모가 주로 집에서 출산하였기 때문에 많은 수의 조산사가 필요했고 수많은 간호학교에 '조산과'가 설립되어 인력을 양성하였다. 1947년 설립한 '대만성립 타이베이 고급의사직업학교'는 1947년, 1948년에 잇달아 1년제와 3년제의 조산특설학과를 설치하였으며, 이는 전후(戰後) 최초의 조산교육 학교였다. 그러나 민국38년에는 이 학교가 4년제 '간호·조산합동훈련과'를 설치하며 조산과를 폐지하였다. 1953년에는 학교의 이름을 '대만성립 타이베이 간호조산직업학교'(약칭 台北高護)로 바꾸었는데 학교에 '간호·조산과'만 있었기 때문이다. 1956년에는 일년제의 조산특별과를 설립하였고 1963년에는 정부의 명령으로 5년제 전문학교로 개편되어 '대만성립간호전문학교'(약칭 台北護專)와 합병되었다.[20] '대만성립간호전문학교'(台北護專)가 설립된 후 잇달아 5년제 간호조산과와 야간 2년제 조산과 등의 조산 교육과가 나타났다. 1970년 야간부 2년제 조산과는 간호조산과로 명칭을 바꾸었

---

20 台灣省立專科學校는 民國43년에 설립되었고 3년제 전문학교였다. 입학 자격은 고교 졸업자이며 전문학교 시험에 참가하여 합격기준에 달하면 비로소 입학할 수 있었다.

다.[21]

　1955년 설립된 '대만성립 타이중 고급간호직업학교'(약칭 台中高護)도 이듬해 3년제의 조산과를 개설하였고 1962년에는 '간호조산통합훈련과'로 바꾸어 4년이 지나야 졸업하게 하였다.[22] 1963년부터 1970년 사이에 수많은 5년제 간호전문과와 고급간호과가 잇달아 설립되어 간호조산학교가 단기간에 급증하였다.[23] 1978년에는 폐교 및 개편된 학교 외에도 8곳의 5년제 전문학교, 10곳의 4년제 전문간호조산학교가 있었다.[24]

　위에서 언급한 간호조산학교의 발전으로 보아 조산 교육의 처음에는 독립된 과로 시작했다가 1953년부터 타이베이 간호조산직업학교(台北高護)에 간호·조산 4년합동훈련과가 개설되었다. 이후 조산 교육을 실시하려면 1년제의 조산특수과목 외에 반드시 간호교육을 함께 실시해야 했다. 간호와 조산의 합동훈련의 연유와 목적은 정부의 말에 의하면 다음과 같다.

　4년제 간호 조산 합동훈련의 목적은 사회의 요구에 응하는 것이다. 간호와

21　5년제 간호조산과의 모집 대상은 초중등 졸업자였다. 야간2년제의 조산과는 반드시 간호조산직업학교를 졸업해야 했다. 두 학교는 모두 고등 검정고시를 통과해야 입학할 수 있었다.

22　任英南,「産後回顧」,『助産雜誌』33期, 台北: 中華民國助産學會, 1990.11., 2쪽.; 行政院衛生署編,『台灣地區公共衛生發展史』, 台北: 行政院衛生署, 1995.10., 873쪽.

23　행정원위생서 편,『대만지역공공위생발전사(台灣地區公共衛生發展史)』, 864-876쪽. 1963년에서 1972년 사이에 설립되어 조산 교육을 실시한 학교는 台灣省立護理專科學校, 私立中山醫學專科學校, 私立中台醫事技術專科學校, 私立美和護理管理專科學校, 私立弘光護理專科學校, 私立仁德高級醫事職業學校, 私立慈惠高級護理助産職業學校, 私立育英高級護理助産職業學校 등이다.

24　林王美園,「從鄰國的助産教育制度觀看助産教育」, 50쪽.

조산의 성질은 비록 다르지만 그중 일부 특수한 기술을 제외하고 기타 의료에 대한 생리, 병리학을 모두 갖추어야 한다. 합동 훈련반은 교육 입장과 경제 원칙에 있어 비교적 적은 시간과 경비로 간호 및 조산 두 종류의 전문인력을 양성할 수 있으며 우리나라의 현재 반공 · 항러(抗俄) · 국가의 건설 · 국토 회복의 국책에 부합하고 인재를 비축하는 적절한 조치이다.[25]

민국 50-60년대의 '사회적 필요'는 무엇이었을까? 정부의 기록에 따르면 "이 성은 광복 이후 국민생활 수준이 점차 향상되었으며 일반 민중은 신체보건을 중시하고 의료간호 수요가 증가하였다고 한다."[26] 이러한 설명은 사실 상당히 공식적인 서술로서 특히 어떠한 국가의 정책도 '반공 · 국토 회복'이라는 대원칙 아래 놓여 있을 이러한 시기에 의료간호 교육이야말로 국가와 민족 흥망에 밀접한 관련이 있었다.[27] 또한 정부는 의료간호 교육을 '경제' 원칙에 따라서 비교적 적은 시간과 교육 비용을 들여 간호와 조산의 이중 전문인력을 기르려고 하였다. 예를 들어 교육부 의학교육위원회의 안유정(顔裕庭) 교수는 '간호조산학제의 다양함은 아직 실험평가 단계에 있음을 보여주고 있으며 그중 조산 교육의 독립성은 유지하기 힘들다는 점'을 지적했다. 왜냐하면 조산사의 모집인원이 제한되어 있고 지원자가 많지 않으며, 합격률이 100%에 달하지만 졸업생들이 조산사로

25 「台灣省立台中高級護理職業學校四年制護理助産合訓科計劃」, 台灣省政府教育廳編, 『台灣教育發展史料彙編』(台中: 台灣省政府教育廳, 1985年4月), 221쪽.

26 『台灣教育發展史料彙編』, 221쪽.

27 劉伯舒, 「發展護理職業教育應有的認識與措施」, 『護士季刊』4卷4期, 1957, 31쪽.; 王貴譽, 「如何提高護士在社會上之地位」, 『護理雜誌』12卷2期, 1965, 63쪽.; 李式鸞, 「當前美國護理助産教育之分析」, 『護理雜誌』21卷1期, 1974, 34쪽.

개업하는 상황이 활발하지 않기 때문이다. 또한 당시 대만은 3분의 1 이상의 신생아가 조산사를 통해 태어나지 않았고, 조산 교육의 효과가 좋지 않았다. 이 때문에 조산 교육은 응당 간호교육과 함께 해야 하며 독립된 체계를 형성하여 교육비용과 지출을 늘릴 필요가 없다고 말했다.[28]

조산 교육은 통상 간호교육과 통합하여 훈련하였는데 교육부 기술직사(教育部技職司)의 관할로 교육부는 전문지식을 가진 학자가 기술직 교육에 참여하도록 '기술직업 교육제도 개선연구소조'[29] 및 '기술 및 직업교육 자문위원회'[30]를 만들었는데 구성원은 의료간호류도 포함되었다. 전후 대만 지역 조산사의 근원은 간호조산직업학교 혹은 5년제 전문학교의 졸업생이었으며 1991년 조산 교육이 폐지될 때까지 조산교육 학교가 있었다. '조산·간호합동훈련과'를 졸업한 학생들은 간호사, 조산사 등 두 가지 자격을 갖춰 의료 서비스의 내용과 질에 도움이 되었으나, 의료원이나 위생기관은 업무의 성격과 인사 편성으로 역할이 제한되어 하나를 선택해야 했다.

또한 조산사 학교의 졸업생은 보통 20세 미만으로 대개 출산의 세계를 접하기에는 개인의 심신이 아직 성숙하지 않으니 어찌 산모를 지도하고 이끌 수 있겠는가.[31] 게다가 간호 조산 합동 훈련 졸업생으로서 실제로 조산사 업무를 수행할 수 있는 사람은 거의 없었다. 도시에서 떨어진 지역의 의료 인원을 육성하기 위해 대만성 정부는 별도로 '대만성 지방의사·

28 顏裕庭, 「國內目前婦產教育的管窺」, 『護理雜誌』18卷4期, 1971, 49-50쪽.; 朱寶鈿, 李式鸞 역시 유사한 주장을 하였다. 朱寶鈿, 「我國護理教育及護理工作概況」, 『護理雜誌』19卷1期, 1974.01, 19쪽 참고.; 李式鸞, 앞의 논문, 34쪽.

29 『教育部公報』165期, 台北:教育部, 1988.09.30., 26-27쪽.

30 『教育部公報』169期, 台北:教育部, 1989.01.31., 22쪽.

31 林王美園, 「助產士功能的回顧與展望」, 7쪽.

간호사 인원의 양성계획'을 만들고 그중 간호 조산합동훈련과에는 매년 15명을 선발하여 성립타이중 간호학교에 배정하고 졸업 후에는 농촌에서 봉사하게 계획하였는데,[32] 이 계획은 낙후된 지역의 간호 발전에 큰 도움이 되었다.

1970년대와 1980년대에 교육부는 이미 간호직업교육에서 간호·조산 합동훈련제도를 분리하여 간호과를 독립시켜 간호 인재를 양성하려고 했으며, 별도로 1년제의 조산특별훈련과(助産特訓班)를 개설하여 조산인재 양성에 전념하려는 뜻이 있었다. 그러나 아직 구체적인 실행 방법은 없었다.[33]

1960년대 이후 간호 조산교육이 급속히 발전하며 간호조산학교가 개설되었다. 대부분의 학교는 학생을 모집하지 못할 염려가 없었으나 일부 학교는 1982~1989년간 학생 모집에서 어려움을 겪었다. 당시 인력 계획 정책에 따르면 간호인 수가 너무 많고 교원이 부족하다는 이유로 교육부에서 학급 수와 학생 수 감원 조치를 받았다고 한다.[34] 1987년과 1988년에 타이베이의 일부 병원이 인력 부족으로 인해 입원부를 폐쇄했으며, 1989년에는 사회에 극심한 간호 인력 부족 현상이 나타났다. 이에 대응하여 우수한 고급간호(간호 및 조산)직업학교 간호과의 반을 증설하였다.[35] 1987년에는 4년제 간호학교를 3년제로 바꾸었으나 1994년에는 다시 간호학교

32 「教育部公報」15期, 台北: 教育部, 1976.03.31, 16-17쪽.
33 『青年戰士報』1977.08.08., 제6면.; 『台灣新生報』1974.01.03., 제2면.; 郭為藩, 「中華民國開國七十年來之教育」, 293쪽.
34 劉仲冬, 「護理人力問題之女性學解析」, 『台灣社會研究季刊』22期, 1996年4月, 87쪽.
35 「教育部函」台(78)技字第二三六九六號, 『教育部公報』174期, 1989.06.30. 제7면.

의 반을 증설하지 못하게 했는데, 전 세계에서 대만과 스리랑카의 간호학교만 전문학교 등급을 실시하고 있었기 때문이었다.[36]

수년 동안 간호계는 사회 변화, 산업 구조 변화 및 국민 생활 형태의 변화에 따라 신속하게 간호교육의 기능을 강화하고 간호 전문성의 특징을 분명히 드러내야 한다고 강조해왔다. 이들은 간호교육 수준을 높이는 것이 급선무이며 특히 직업학교를 전문학과 수준으로 끌어올려 좀 더 전문적인 간호인력을 양성하는 것이 시급하다고 보았다.[37] 이것은 조산 교육이 간호학 전문화 속에 포함되지 않았다는 것을 의미했다.

조산학교를 경험했던 사람은 조산업계를 어떻게 평가했을까? 모 간호 전문 간호조산과 5학년 학생들의 조산사 직업에 대한 견해에 따르면, 조산사는 이미 더 이상 중시되지 않고 점차 몰락해 가는 직업이라고 여겼다. 이 일은 신성한 업무이고 자애심과 인내심과 굳은 의지가 필요한데,[38] 조산사가 아이를 받는 상황이 몰락해 가는 추세이기 때문에 직업 선택에

---

36 謝小岑等, 『技職教育政策與職業學校的運作』, 台北: 行政院教育改革審議委員會, 1996, 36쪽, 154쪽.

37 전문학교 수준으로 끌어올리자는 것은 1970년에 이미 타이중 간호전문학교에서 제안한 것이다. 당시 타이중 고급간호직업학교(台中高護)의 논점은 간호·조산 과정을 4년 이내에 가르치고 실습해야 하니 시간이 너무 촉박하고 학생들의 학업 부담이 크다는 것이었다. 공립 간호전문학교의 학생은 연합고사의 성적 면에서 사립 간호전문학교의 학생보다 우수했지만, 졸업 후 학력은 전문대보다 낮고 간호사 자격증만 취득할 수 있어 공정하지 못하다. 또한 간호 인력의 교육 수준 향상은 곧 국민건강 향상에 도움이 될 것이다(第五次全國教育會議秘書處編, 『第五次全國教育會議報告』, 台北:教育部, 1970, 282쪽). 이 같은 논점은 쉬만잉(徐曼瑩) 등에게도 나타난다. 徐曼瑩, 「護理技職教育體系各層級學生護理課程之研究與發展」, 『第十屆全國技術及職業教育研討會論文集—醫護類』, 台北:教育部技職司, 1995, 24쪽.

38 王美娥, 「弘光護專護理助産科學生實習暨生活實況的調查」, 『弘光護專學報』10, 台中: 弘光護專, 1982.06., 3쪽.

영향을 미친다고 하였다. 또한 조산사와 간호사의 이중 자격을 지닌 황모 씨의 인터뷰에 따르면, 그녀는 조산실에서 5년간 근무했고 임상교육을 맡았는데, 조산실을 가득 채웠던 분위기에 만족하였으나 개업할 생각은 없다고 하였다. 그 이유에 대해 황씨는 다음처럼 이야기하였다. "출산은 매우 위험한 일이고 두 사람의 생명과 관련되기 때문에 사고가 난다면 내가 법적 책임을 져야 한다. 그러나 [병원의] 산실에서 일하다가 만약 사고가 발생하면 책임은 [조산사가 아닌] 의사에게 있으며, 응급이나 지원이 필요할 때 훨씬 편리하다."[39] 그래서 이중 자격을 가지고도 조산업을 하는 사람은 거의 없었다. 그러나 만약 출산이 '위험한' 일이라면 왜 조산사의 황금시대가 나타났는지 묻지 않을 수 없다. 이 상황은 조산사의 몰락을 초래했을 뿐만 아니라 조산교육에 검토가 필요하다는 것을 의미한다. 실습 시간의 부족 때문인지 아니면 경제 원칙 하에 채택된 간호 · 조산 공동교육으로 인해 학생들이 조산 관련 지식을 배우는 시간이 너무 적어 대응능력이 부족하기 때문인가? 아니면 의사에게 교육받은 결과인가? 장푸메이(張芙美)의 연구 보고서에 따르면 개업 조산사의 대부분은 타이베이 시(台北市), 타이베이 현(台北縣), 타이중 시(台中市), 핑둥 현(屏東縣), 가오슝 시(高雄市)에 집중되어 있으며, 그중 현과 시의 분포가 매우 달랐다. 조산 사의 수는 충분했지만 개업인 수는 그렇지 않았다(표3과 4 참고). 부족한 개업 조산사 수를 보충하기 위해 보건기관의 조산사 정원 편성을 늘리고, 고액의 장학금을 설립하여 농촌에 봉사하도록 장려하며, 자발적으로 농촌에 봉사하는 조산사의 개업을 특별 보조하는 등의 방법을 동원하여 조

---

39   필자 인터뷰, 「黃美瑤小姐訪談紀錄」, 1998.05.21.

산사가 조산업무에 종사하도록 장려하였다.[40]

4. 조산사 하향(下鄕) 장려 계획

1950~1960년대부터 대만은 세계보건기구와 미국의 원조를 받아 대대적인 공공위생 개선 사업을 시작하였다.[41] 1950년대 초반 미국의 지원으로 모든 마을(鄕鎮)마다 위생소(衛生所, 보건소)가 설치되었다. 위생소(衛生所)는 공중보건 및 모자위생을 추진하는 최전선의 공식기관이 되었다. 조산사의 직업 유형은 조산소를 개설하거나 위생소(보건소)에서 공직 조산사가 되어 농촌지역의 의료상 안전과 여성의 출산 도움을 제공한다. 또한 공중보건간호사가 모자보건 업무를 추진할 수 있도록 돕는 역할을 선택하기도 했다.[42] 1950년대와 60년대 대만의 출산율은 매우 높았고, 개업한 조산소의 수입은 매우 높았으며, 조산사는 지역사회에서 매우 존경받았다. 이 때문에 대부분의 조산사는 위생소에서 공직 조산사로 일하는 대신 개업하는 것을 선택하였다. 조산사의 조산 업무는 시간, 지역, 기후, 교통 상황에 관계없이 반드시 사명을 다해야 하는 경우가 많으며, 산모가 출산

40 　張芙美,「台灣地區執業助產士與人口分布情況的分析」,『弘光護專學報』第6期, 台中:弘光護專, 1978.06, 27-29쪽.

41 　張淑卿,「美援醫學」, 經典雜誌編著,『台灣醫療四百年』, 台北: 慈濟大愛人文中心, 2006.05, 148-159쪽.

42 　「臺灣省各縣市區鄕鎮衛生所組織規程」,『臺灣省政府公報』秋字第62期, 1948.09.13., 732쪽.

하는 한 조산사는 반드시 산모의 집에 가서 분만 업무를 해야 했다.[43] 그러나 단독 개업은 적지 않은 위험을 혼자 부담해야 했고 산모의 출산 시간을 정확하게 알 수 없었기 때문에 동시에 두 산모가 출산하거나 밤에 혼자 산모에게 가서 아이를 받아야 하는 경우 등은 조산사에게 많은 부담의 원인이 되었다.[44]

전후(戰後) 대만 인구가 크게 증가했던 데에는 첫째 자연증가, 둘째 중국으로부터 인구 유입이라는 두 가지 원인이 있었다. 1946년 대만의 인구는 약 600만 명이었으나 1960년대 초반에는 이미 1천만 명 이상이 되었다. 미국으로서는 원조 대상 지역의 인구 과다가 경제 발전의 걸림돌이 될 수가 있어서 적절한 인구 통제가 필요했다. 이 때문에 미국의 지원 하에 1961년에 인구 연구센터가 설립되고 다음해 가족계획이 추진되기 시작하였다. 대만의 가족계획에서 사용된 대표적 '피임' 방식은 자궁내 설치하는 피임기구인 '리퍼스 루프'(Lippes loop)였다.[45] 가족계획이 효과를 거두기 위해서는 여성과 대면으로 피임 방식을 전달하는 것이 가장 효과적인 것으로 여겨졌다. 이 때문에 조산사, 조산소와 보건소는 주요한 지식 전달 네트워크가 되었다. 조산사는 이로 인해 가족계획의 핵심 역할을 담당하게 되었다. 1970년대에 이르면 피임여성의 50% 이상이 '리퍼스 루프'를 사용하였다.[46] 공식 통계에 따르면 루프를 피임법으로 사용하는 여성

43   郭素珍, 「台灣護理—助産業務的變革」, 『護理雜誌』 56卷2期, 2009, 76쪽.

44   張文亮, 『一把剪刀, 幫助千百人—蔡巧與台灣初期護理』, 台北:校園書坊, 2005. 82쪽.

45   郭文華, 「美援下的衛生政策:一九六〇年代臺灣家庭計畫的探討」, 『臺灣社會研究』32, 1998, 44-45쪽.

46   郭文華, 「美援下的衛生政策:一九六〇年代臺灣家庭計畫的探討」, 65-74쪽.

은 30세 이상, 초등교육 또는 무교육자로 농촌지역에 거주하고 있었다. 이는 조산사의 개업 지역이 농촌지역 위주이고 농촌 지역의 보건소 이용 빈도가 높은 것과 관련이 있음을 보여준다.

1965년 대만 정부는 모자보건을 강화하고 대부분의 간호, 조산학교 졸업생들이 외딴곳에서 근무하기 꺼리는 현실을 개선하기 위해 유니세프의 후원을 받아 조산사의 하향(下鄕) 계획(The Incentive Plan of Encouraging the Midwifery Practice in Rural Areas, 獎勵助産士下鄕職業計劃)을 추진하였다. 이 계획의 주요 목적은 세 가지였다. 첫째, 모든 농촌에 한 명의 정식 조산사를 두어 여성이 안전하게 출산하게 한다. 둘째, 농촌에서의 근무를 장려하여 간호·조산 졸업생의 취업 기회를 늘린다. 셋째, 산모와 신생아의 사망률을 낮춘다. 농촌에 개업한 조산사는 매달 보조금을 받았으며 동시에 정부로부터 조산사 설립이나 조산도구·기계(産包) 및 교통수단 (대부분 오토바이)을 지원받았다. 이러한 계획은 총 5년간 진행되었고 오지의 조산사 개업률을 확실히 높일 수 있었다.[47] 1966년부터 1982년까지 외딴 지역에 306개의 조산소가 설치되었다. 정부 통계에 따르면 1970년에 206개 조산소가 조산사하향계획 장려보조금을 지원받았고, 그 해에 1만 6,000여 명의 아이를 받았다.[48] 조산사하향 장려계획은 1966년부터 집행되었고 그 당시 합격하지 못한 자의 비율은 26.99%였으나 1982년에는 1.08%까지 낮아졌다.[49] 정부의 기록에 의하면 조산사는 고도의 전문성을

47 台灣省政府, 『台灣光復三十年』, 台中:台灣省政府新聞處, 1975, 19쪽.
48 台灣省婦幼衛生研究所, 『婦幼衛生主要統計』, 台中: 台灣省婦幼衛生研究所, 1992.
49 台灣省婦幼衛生研究所, 『台灣省婦幼衛生研究所所志』, 台中:台灣省婦幼衛生研究所, 1999.

보여주며 안전하고 현대적, 위생적인 분만 외에도 산후관리 면에서도 여성들에게 인정받았다고 한다.

5. 맺음말

1970년대 이후 대만의 병원과 의사의 수가 증가하고 치료가 편리해졌으며, 1970년대 초반에는 의사 수가 조산사 수를 앞질렀다. 조산사는 전문적인 조산 교육을 받은 의료 인력이었으나 1980년대 이후 대만 사회에서 조산사는 점차 사라졌는데, 아마도 가족계획, 보험제도의 발달이 주요 원인이었을 것이다. 1950년대부터 대만 정부는 공무원 보험과 노동보험을 잇달아 시행하였는데, 그중 가장 먼저 시작된 공무원 보험에는 정부와 보험계약을 맺은 병원만 출산보조를 받을 수 있었고 조산소는 보험의 범위에 포함되지 않았다.[50] 이 때문에 공무원 보험을 가진 신분의 산모는 모두 병원에서 출산을 하게되었다. 이러한 상황은 도시 지역에서 가장 분명히 드러났다.[51] 공무원 보험이나 노동자 보험을 막론하고 모두 반드시 병원에서 출산해야 출산급여의 보조를 받을 수 있었고, 이는 유형·무형으로 큰 병원에서의 출산문화를 강화시켰을 뿐만 아니라, 산모의 분만 장소에 대한 선택에 영향을 미쳤다.[52]

50   『台灣省政府公報』, 1959-5, 54-55쪽.

51   吳嘉苓, 「醫療專業, 性別與國家:台灣助產士興衰的社會學分析」, 『台灣社會學研究』4期, 2000, 237-238쪽.

52   林綺雲, 「台灣助產士專奉的變遷―社會學的解析與省思」, 274-275쪽. ; 吳嘉苓, 「醫療專

대만의 가족계획에서 조산사는 피임 지식의 중요한 전달자이지만 루프를 시술하는 사람은 아니었다. 모든 가족계획 정책의 계획하에서 의사는 중요한 역할을 맡았다. 특히 산부인과의사는 자궁 내 피임기구의 설치와 제거에 반드시 전문지식이 있어야 함을 강조했는데, 그 기술이 복잡하고 조산사가 감당할 수 없다는 이유에서였다. 즉 산부인과 의사만 자궁 내 피임기를 설치, 제거할 수 있었고, 조산사가 시행할 때는 반드시 산부인과 의사의 감독 하에만 진행할 수 있었다.[53] 이러한 관점에서 볼 때, 가족계획 정책의 시행은 조산사를 통해 여성에게 피임 지식을 전달하는 기회를 늘렸으나, 동시에 자궁 내 피임기 장치와 제거의 규범을 통해 피임한 여성과 조산사가 접촉할 수 있는 기회를 줄였고, 결국 조산사가 분만 시장에서의 자리를 잃게 하였다.

그 외에도 조산 교육, 보험급여 정책, 여성 출산 서비스 정책 등의 수립은 의사나 간호사 등 전문가 집단이 주도하고 있었고, 조산사의 의견은 거의 받아들여지지 않았다. 교육부는 심지어 간호계와 의료계의 건의를 받아들여 선진국의 여성은 오로지 병원에서 출산하기 때문에 조산사는 존재할 필요가 없다고 여기게 되었다. 조산사는 이러한 다양한 전문가 집단의 경쟁 속에서 점차 사양산업이 되었던 것이다.

業, 性別與國家: 台灣助産士興衰的社會學分析」, 238쪽.

53   劉仲冬,「國家政策之下的女性身體」,『台灣婦女處境白皮書』, 台北:時報, 1995, 221-254쪽.

<표1> 대만지역 각 급 조산 교육 학교 설립연차표

연도	최초 설립 학교명	학년제	비고
1947年	台灣省立台北高級醫事職業學校	3년제 조산과 (三年制助産科)	1949년 중지
1948年	同上	1년제 조산특별과 (一年制助産特科)	1948년 중지
1949年	同上	4년제 간호조산통합훈련과 (四年制護産合科)	1953년 省立台北高級護理助産職業學校로 개명
1956年	省立台北護理助産職業學校	1년제 조산특별과 (一年制助産特科)	1964년 중지
1956年	省立台南高級護理職業學校	1년제 조산특별과 一年制助産特科	1972년 중지
1956年	省立台中高級護理助産職業學校	3년제 조산과 (三年制助産科)	1963년 중지
1962年	同上	4년제 간호조산통합훈련과 (四年制護産合訓科)	
1963年	私立婦嬰高級護理助産職業學校	4년제 간호조산통합훈련과 (四年制護産合訓科)	1967년 중지
1963年	私立台北醫學院附設護理助産專修科	5년제 간호조산통합훈련과 (五年制護産合訓科)	1974년 중지
1963年	省立護理專科學校	5년제 간호조산통합훈련과 (五年制護産合訓科)	현재 國立台北護理專科學校 1983년 중지
1964年	私立聖母高級護理職業學校	1년제 조산특별과 (一年制助産特科)	1981년 중지
1964年	私立慈惠高級護理助産職業學校	4년제 간호조산통합훈련과 (四年制護産合訓科)	
1965年	私立敏惠高級護理助産職業學校	4년제 간호조산통합훈련과 (四年制護産合訓科)	
1966年	省立護理專科學校	2년제 야간 조산과 二年制夜間部助産科	1972년 중지
1966年	私立美和護理專科學校	5년제 간호조산통합훈련과 (五年制護産合訓科)	
1967年	私立德育護理專科學校	5년제 간호조산통합훈련과 (五年制護産合訓科)	1976년 1년간 모집 중지
1967年	私立弘光護理專科學校	五年制護産合訓科	
1968年	私立中台醫事技術專科學校	五年制護産合訓科	
1968年	私立中華醫事技術專科學校	五年制護産合訓科	
1968年	私立婦嬰護理助産專科學校	五年制護産合訓科	改制
1968年	私立稻江家政職業學校	四年制護産合訓科	1971년 조산과 중지

1970年	私立仁德高級醫事職業學校	四年制護產合訓科	
1970年	私立育英高級護理助產職業學校	四年制護產合訓科	
1971年	私立新生高級醫事職業學校	四年制護產合訓科	
1971年	私立崇仁高級護理助產職業學校	四年制護產合訓科	
1971年	私立樹人高級醫事職業學校	四年制護產合訓科	
1974年	私立曉明女中	四年制護產合訓科	改制
1981年	私立聖母高級護理助產職業學校	四年制護產合訓科	改制

출처: 行政院衛生署

〈표2〉 대만지역 매년 출생 아동 조산구분(台灣地區歷年出生嬰兒接生別)(단위: %)

연도	의사 분만	조산사 분만
1951	3.00	33.00
1957	7.79	40.76
1958	8.43	40.89
1959	10.47	38.21
1960	12.28	38.80
1961	13.91	34.06
1962	17.30	36.93
1963	--	--
1964	21.67	34.80
1965	23.42	37.17
1966	26.60	36.81
1967	29.94	38.02
1968	30.74	37.38
1969	34.62	37.34
1970	39.58	37.65
1971	44.23	35.42
1972	47.81	34.59
1973	52.00	32.03
1974	54.76	31.66
1975	58.46	29.78
1976	61.57	29.08
1977	64.66	27.62

1978	66.47	27.13
1982	80.19	16.98
1983	83.38	14.50
1984	87.67	10.77
1985	86.23	11.73
1986	92.25	6.73
1987	93.79	5.49
1988	95.71	3.78
1989	97.01	2.58
1990	97.86	1.79
1991	98.32	1.29

출처: 衞生署, 『民國八十年(西元1991年)衞生統計』, 376-377쪽.

<표3> 대만지역 매년 간호원 자격자 누계표(단위: 인)

연도	간호인(護理師)	간호사(護士)	조산사(助産士)
1950	0	74	231
1951	0	383	1332
1952	0	747	1933
1953	0	879	2178
1954	0	966	2284
1955	0	1118	2371
1956	0	1206	2424
1957	0	1348	2463
1958	0	1541	2525
1959	0	1715	2570
1960	0	1939	2615
1961	0	2406	2677
1962	95	2667	2837
1963	233	2957	2962
1964	363	3238	3137
1965	469	3556	3247
1966	630	3856	3263

1967	710	4276	3302
1968	843	4787	3383
1969	1072	5298	3423
1970	1336	6037	3445
1971	1833	6786	3558
1972	2088	7782	3691
1973	2410	8659	3911
1974	3006	10417	4083
1975	3687	11645	4102
1976	4229	13683	4404
1977	4701	14606	4721
1978	4976	15954	5102
1979	5635	18382	5095
1980	6287	20379	5162
1981	6961	21715	5232
1982	7673	24093	5311
1983	8862	26679	5424
1984	10060	28685	5499
1985	11342	31267	5578
1986	13228	34213	5658
1987	15965	36346	5709
1988	18970	38513	5790

출처: 行政院衛生署保健處

〈표4〉 대만지역 의료기구의 의료인 수(단위: 인)

연도	의사	%	간호사*	%	조산사	%
1954	3978	57	1265	18	1742	25
1955	3998	59	974	14	1809	27
1956	4074	59	1021	15	1816	26
1957	4049	59	1024	15	1809	26
1958	4210	59	1026	14	1861	26
1959	4503	59	1212	16	1967	26
1960	4811	59	1484	18	2024	24

1961	4900	57	1588	19	2093	24
1962	4957	58	1595	19	1990	23
1963	4902	56	1798	20	2080	24
1964	4983	55	1852	21	2156	24
1965	5062	57	1611	18	2188	25
1966	5498	56	2055	21	2350	24
1967	5320	57	1807	19	2175	23
1968	5058	63	1414	17	1619	20
1969	4766	59	1835	23	1530	19
1970	5092	58	2071	24	1600	18
1971	6375	52	3616	29	2362	19
1972	6494	51	3839	30	2322	18
1973	6817	51	4138	31	2432	18
1974	7724	53	4243	29	2510	17
1975	9143	55	4919	29	2661	16
1976	9926	47	8560	40	2781	13
1977	10545	47	9182	41	2940	13
1978	10939	46	9749	41	2901	12
1979	11554	45	11256	44	2882	11
1980	11743	45	11659	44	2804	11
1981	11957	43	13196	47	2871	10
1982	12623	41	15176	49	2945	10
1983	12817	40	16778	52	2820	9
1984	13383	37	19898	55	2605	7
1985	15039	36	24248	58	2408	6
1986	15767	36	26015	59	2456	6
1987	17045	34	30174	61	2380	5
1988	18193	33	33879	62	2381	4
1989	18529	33	35421	64	1821	3
1990	19921	33	38357	64	1891	3
1991	21115	33	41756	65	1649	2

*간호사에는 간호인도 함께 포함되었음.

출처: 衞生署,『中華民國八十年(西元1991年)衞生統計』, 126-127쪽.

근 · 현대 일본 조산의 발달과 출산의료의 변화

사토 노리코 (佐藤 紀子, 부경대학교 일어일문학부 교수)

1. 머리말: 본 연구의 목적 및 선행연구와의 연관성

경희대학교 주최로 2022년 9월 30일 개최된 학술대회 '근대사의 조산' (Midwifery in Modern History)은 한국, 대만, 중국, 일본의 근현대 조산사 비교를 위한 중요한 관점을 제공했다.[1] 동북아시아에서의 조산의 변화 및 발전에 관해 4개국 사이에는 많은 공통점이 발견되었다. 첫 번째로 서양 산과학·산육 지식의 도입으로 근대적 의료 기술을 익힌 조산사가 탄생하였다. 두 번째로 기존 산파에 의한 전통 지식에 기초한 임신·출산을 폐지하고자 조산사 등록 제도, 자격시험 제도를 도입하였다. 세 번째로 출산이라는 일상적 행위가 국가권력의 개입에 의해 의료 행위로서 제도화됨에 따라 의사·조산사의 의료 행위에 분업이 도입되었기 때문에 출산영역의 계층화 구조 구축을 촉진하였다. 의사는 이상분만을 포함한 의료 업무를 처리할 수 있는 유일한 존재로 알려지면서 출산 영역의 최고 권위자로 자리매김되었다. 한편 조산사는 정상분만 보조 및 의사와의 연

---

1   경희대학교 인문학연구원 HK+통합의료인문학연구단 국제학술회의근대 역사상의 산파와 조산사 일시: 2022년 9월 30일 금요일 오후 14:00~오후 18:00.

계를 통해 의료 업무에 종사할 수 있는 존재가 되어 그 역할이 한정되었다.[2]

조산의 근대사에서 공통점이 보이는 한편, 제2차 세계대전 후 조산사 추세에서의 차이도 현저하다. 상기 4개국에서 공통적으로 볼 수 있는 것은 의료 제도의 확충에 따라 병원에서의 출산율이 증가한 것이다. 조산사는 정상분만 혹은 자연분만과 관련된 제한적인 의료 업무에만 종사할 수 있다는 제약이 주어졌다. 한국과 대만에서는 병원 근무 의사와 간호사가 출산 업무를 담당하게 되었기 때문에 조산사 수가 감소했다.[3] 한국의 조산사 수는 2000년 이후에 급감했다.[4] 한국에서는 저출산 시대 의료 대책으로서 병원에서 일하는 조산사가 정상적인 임신과 출산 관련 업무를 담당하는 직책을 수행할 수 있는 병원 운영 체제를 만들어내는 것이 중요하다는 의견이 있지만 조산사 육성은 어려운 과제였다.[5] 대만에서는 1970

2　정상분만은 자연분만과 거의 같은 의미이다. 일반적으로 진통촉진제나 억제제 등을 사용하지 않고 경질분만을 하는 것을 의미하지만, 제왕절개를 하지 않는 한 정상분만으로 간주한다는 의견도 있다. 산과에서는 무통 분만으로 출산하는 경우도 자연분만으로 간주한다.(ドクターマップ n.d.,「正常分娩と異常分娩」, https://www.doctor-map.info/useful/17166_mater_007/ (2022.11.03.접속).)

3　Park, Yunjae, "Colonial Origins of Weakening Midwife," 경희대학교 인문학연구원 HK+ 통합의료인문학연구단 국제학술회의 「근대 역사상의 산파와 조산사」 발표 논문 초록, 2022, 1-5 쪽.; Chang, Shu-Ching, "National Policy, Professional Autonomy, and the Local Practice of midwifery knowledge in Post WWII Taiwan, 1950~1980s," 경희대학교 인문학연구원 HK+통합의료인문학연구단 국제학술회의 「근대 역사상의 산파와 조산사」 발표 논문 초록, 2022, 23-27쪽.

4　이임하,「출산에서의 여성전문직 조산사의 기능과 쇠퇴에 관한 연구」,『한국구술사학회구술사연구』6-1, 한국구술학회, 2015, 121쪽.

5　Kim, Yun Mi, "2020 Year of the Nurse and the Midwife: a Call for strengthening Midwifery in Response to South Korea's Ultra-low Birth Rate," *Korean J Women Health*

년대 이후에 병원 수와 산과의사 수가 증가했기 때문에, 임산부는 저렴한 비용으로 출산할 수 있는 병원을 선택하게 되었고, 건강보험이 적용되지 않는 조산원에서 출산하는 여성은 급감했다. 병원은 조산사보다 간호사를 채용했기 때문에 조산사 자격시험 응시자 수가 계속 감소했다. 2014년에는 조산사에 의해 태어난 아이는 전체 출산 수의 0.05%까지 감소했다.[6] 한편, 중국에서는 1980년 이후에 조산사 교육 프로그램 및 자격시험 제도의 재생이 시작되었다. 1985년 이후 새로운 제도의 도입으로 조산사는 병원 근무 간호사로서 산과의사의 지휘 하에 정상분만을 돕는 일에 종사하는 자로 규정되었다.[7]

일본에서도 한국이나 대만과 마찬가지로 병원의 출산율이 증가함에 따라 조산원에서 출산하는 여성은 감소했다. 그럼에도 불구하고 조산사 취업자 수는 계속 증가하여 1992년에 22,690명이었던 조산사 취업자 수는 2019년에 40,632명으로 늘어났다.[8] 또 중국의 계층적 의료 제도 추진과는

Nurs, 26-4, 2020.

6 Taiwan Today, "Taiwan's Midwives delivered into History," Taiwan Today 2010. 03. 08. 2010. https://taiwantoday.tw/print.php?unit=10,23,45,10&post=16411 (2022. 11.0.03. Accessed).; Taipei Times, "Association touts Tebirth of Midwifery in Taiwan," *Taipei Times*, 03. 17. 2014. https://www.taipeitimes.com/News/taiwan/archives/2014/03/17/2003585859#:~:text=There%20are%20more%20than%2050%2C000,Ministry%20of%20Health%20and%20Welfare (2022.11.0.03. Accessed).

7 Gaoa, Ling-ling, Lub, Hong, Leapc, Nicky, Homerc, Caroline, "A Review of Midwifery in Mainland China: Contemporary Developments within Historical, Economic and Sociopolitical Contexts," Women and Birth, 32, 2019. https://reader.elsevier.com/reader/sd/pii/S187151921730121X?token=437D3E1EA4B21F6D9BCD5158E1D105EEEA68594CC75A46D70B379379D6B41FDACC141149BF742907E4FB8C3A7D604433&originRegion=us-east-1&originCreation=20221108094054 (2022. 09.13. Accessed).

8 厚生労働省, 「就業保健師・助産師・看護師・准看護師」, 『厚生労働省平成16年保健

달리 일본의 일본간호협회 조산사직능위원회(助産師職能委員會)는 '조산사가 자립해 출산을 돕는 체제'를 목표로 하고 있다. 그 목표를 달성하는 방법으로서 협회는 조산사의 역할을 다음과 같이 규정하고 있다. 조산사는 응급 시 대응 가능한 의료 시설에서, 의사와의 역할 분담·연계 하에, 임산부나 그 가족의 의향을 존중하면서, 임산부와 그 가족에게 질 높은 안심·안전 산과 의료를 제공하는 역할을 담당한다. 쾌적하고 만족스러운 출산 제공을 목표로 하는 조산사의 역할은 크다.[9]

상기 4개국의 근대 이후 임신·출산기 의료 업무에서 조산사 역할의 발전 혹은 쇠퇴를 고려하면 서양 산과학(産科學)의 영향이 크다는 것을 알 수 있다. 일본의 조산사에 관해서는 조산사의 업무 및 역할에 대한 인식이 변화한 메이지 시대 이후의 조산에 관한 근현대사를 알 필요가 있다. 현대 일본 조산사들은 정상·자연분만을 우선시하고 임산부와의 대화를 통해 이들의 임신 중 불안감을 줄이기 위한 의료 행위를 실천함으로써 조산사의 역할의 독자적인 의의를 찾았다.

의료인과 임산부의 관계에 대한 분석은 페미니즘과 인류학 전문가들에 의해 1970년대 이후에 눈에 띄게 변천해 왔다. 우선 근대 이후에 서양 산과학의 침투로 의료 지식을 가진 의사가 지식과 기술을 행사하여 임산부의 신체를 억압하고 지배한다는 권력 모델이 제창되었다. 이것은 미셸 푸

・衛生業務報告』, 2004.; 日本看護協会, 「看護統計資料室 助産師就業者数」, 『日本看護協会』, 2021, https://www.mhlw.go.jp/toukei/saikin/hw/eisei/04/index.html (2022.11.01. 接続).

9 日本看護協会助産師職能委員会, 「病院・診療所における助産師の働き方─ 助産師が自立して助産ケアを行う体制づくりのために─」, 『社団法人日本看護協会助産師職能委員会』, 2006.

코(Michel Foucault)가 제시한 생물의학의 패권적 지위에 관한 바이오 파워(bio-power)의 권력 행사 모델이다.[10] 그러한 구조는 동북아시아 4개국의 의료 종사자 간의 계층 구조 속에서도 찾아볼 수 있다. 한국 및 대만 조산사들은 의료 행위에 대한 권한이 제한된 탓에 의료 계층 구조 속에서 점차 힘을 잃어 갔다.

현대 일본의 조산사 업무를 보면 푸코가 제시한 것과 같은 권력 행사 모델로는 설명할 수 없는 부분이 있음을 알 수 있다. 이러한 관점에서 본 논문은 우선 근대 이후 조산의 역사를 개관하고 서양 산과학이 일본의 산과 의료에 얼마나 큰 영향을 미쳤는지를 설명한다. 나아가 병원에서의 출산이 증가한 제2차 세계대전 후의 산과 의료의 변천을 개관함으로써 조산사가 새로운 조산 업무를 구축한다는 목표를 어떻게 실행하고 있는지 분석하고자 한다.

두 번째로 '조산사가 자율적으로 출산을 보조하는 역할을 담당한다'는 목표를 조산사는 어떤 방법으로 달성하고자 하는지 구체적인 예를 들어 분석하고자 한다. 그 목표를 달성하고자 하는 과정에서 일본 조산사가 임신 및 출산에 관한 의료 지식을 의료 종사자나 임산부와 어떻게 공유하기에 이르렀는지를 보여준다. 왜냐하면 의료 지식 공유는 의료 행위 속에서 조산사에게 그들의 역량을 향상시킬 수 있는 기회를 주었기 때문이다. 조산사들은 의료 지식을 바탕으로 임산부의 생활 습관 구축에 대해 조언을 한다. 의료 정보에 근거한 복수의 선택지 중에서 조산사와 임산부는 일본 사회에서 용인된 임산부의 생활 관리 방법을 찾는다.[10] 일본 사회에

---

10   Foucault, Michel, *The History of Sexuality Vol. 1: An Introduction*, New York: Vintage

서는 임산부가 태아의 건강을 위해 좋은 모체 환경을 조성해야 한다는 사회의 일반적인 공통 인식이 있기 때문에, 임산부는 모체의 건강관리를 책임진다. 조산사는 의학적으로나 사회적으로 용인되는 정보를 임산부에게 알려줌으로써 임산부의 건강관리를 보조한다. 이러한 의료 행위는 의사와는 다른 의료 업무를 조산사가 실천하는 것을 가능하게 한다.

조산사가 산과의사와의 역할 분담에 따라 의사와는 다른 의료 업무를 담당한다는 것은 어떤 의미인지 간단히 설명하고자 한다. 예를 들어 조산사는 임신 초기 임산부에 대해 모체 환경을 정비할 책임자라는 자각을 촉진하기 위한 의료 행위를 한다. 임신 초기 임신부는 자기 몸이 모체라는 인식을 갖고 있지 않은 경우가 많다. 지난 2019년에 필자가 조산사를 인터뷰했을 때 이들은 임신 초기 임신부가 산모 인식을 발달시키지 않은 예로 일상적으로 자전거를 타는 임산부 이야기를 했다. 일본 도시에서는 출퇴근이나 쇼핑할 때 자전거를 타고 이동하는 여성이 많다. 조산사는 임산부에게 "자전거를 타다가 넘어지면 어떻게 합니까? 배에 아기 있다는 것을 잊지 마세요. 임신 초기에는 태반이 미완성되었기 때문에 낙상의 충격으로 유산할 위험이 있습니다. 자전거를 타지 않고 이동하는 방법을 찾는 것이 좋겠어요."라며 임산부와의 대화를 시작한다. 임신 초기 임신부에 대해 모태 환경을 정비할 책임자라는 자각을 촉구하기 위해 조산사는 의료 지식을 바탕으로 이 같은 조언을 한다.

이러한 모체에 대한 건강관리는 의사의 업무가 아니라 조산사가 담당하는 의료 행위다. 조산사와의 대화를 통해 임산부는 의료 정보 및 지식

Books, 1979.

을 의료인과 공유하게 된다. 조산사의 의료 업무는 의료 지식을 사용해 임산부가 자체적으로 산모의 건강관리 방법을 찾을 수 있도록 지도하는 것이다. 이것은 주로 임산부와의 대화를 통해 가능하다. 이러한 방법으로 조산사의 업무가 확대되고 구축되어 간다.[11] 산과의사와의 역할 분담에 의해 조산사는 의료 지식에 기초한 적절한 임산부 지도를 자율적으로 선택 및 실행하는 것이 가능해진다. 이런 의료 행위는 조산사의 영향력을 강화한다. 본고에서는 이 과정을 실례를 제시하면서 분석하고자 한다.

의료 현장에서 일본 조산사가 임산부에게 행하는 의료 행위는 정신의료에서의 '오픈 다이얼로그'(Open Dialogue)라고 불리는 '대화' 기법에 가까운 것일지도 모른다. 임산부와 의료 종사자 간의 '가벼운 잡담 같은 대화' 방법에서 치료 방침을 참가자들과 함께 결정해 나가는 기법은 임산부들의 네트워크 참여를 가능하게 한다. 여기서는 의료 종사자들과 임산부들 사이에 사회 계층적 관계는 개입되지 않으며, 환자들의 의료 행위자들에 대한 공손한 저자세도 없다.[12] 그러나 인간은 항상 솔직하게 자신이 생각하는 바를 말하지는 않는다. 자신을 타인에게 맞추기 위하여 타인의 가치와 규범을 내면화하여 발언하기 때문이다. 임산부들은 대화를 통해 출산에 대한 불안감을 조산사가 덜어주기를 기대하고 있다. 이런 관점에서 볼 때 임산부는 조산사와의 대화를 통해 조산사(의료 지식을 가진 타자)에 스스로를 맞추려고 한다. 그렇기 때문에 임산부와 조산사의 대화는

---

11   Rothman, B.K., "The Meaning of Choice in Reproductive Technology," 27, 1984.

12   Tsipy Ivry, *Embodying Culture: Pregnancy in Japan and Israel*, Rutgers University Press, 2009, pp. 11-12.

미하엘 바흐틴(Mikhail Bakhtin)이 분석하는 대화와는 다르다. 왜냐하면 조산사에게 아무런 영향을 받지 않고 자신의 본심을 분명히 밝히며 의견을 말한다고는 볼 수 없기 때문이다.[13]

이 논문에서는 조산사들이 지향하는 대화 치료의 예로 일본 산과 의료에서 중요시되는 임산부의 체중관리를 다룬다. 체중관리에 관한 의학정보는 조산사와 임산부 간 대화 치료를 통해 공유된다. 대화 과정에서 임산부는 자발적으로 체중관리 방법을 찾아 이를 실천하기로 결심한다. 그것은 의료 지식을 가진 조산사가 임산부에 대해 모성 감정 형성을 촉구하는 행위이기도 하다. 임산부는 좋은 모체 환경을 만들기 위해 체중관리를 책임진다는 자각을 갖게 된다. 의료 현장에서 일본 조산사가 임산부와의 관계에서 실시하는 대화 치료는 '조산사가 자율적으로 출산을 보조한다'는 일본간호협회 조산사직능위원회가 추진하는 목표를 실천하는 예이다. 이러한 산과 의료를 임산부에게 제공하기 위해서는 조산사가 어떤 역량을 가져야 하는지 분석하고자 한다.

2. 조산의 근대사

메이지 유신(1868-) 이후에 조산사(1948년 이전에는 산파라고 불렸다)의 의학적 사회적 역할은 변화했다. 근대화 정책을 추진하는 일본 정부는 1874

---

13   五十嵐 沙千子,「バフチンの対話 / 対話としての詩学 ― オープンダイアローク (Open Dialogue)の背景にあるもの―」,『哲学・思想論集』, 44, 2022, 33-35, 41쪽.

년부터 서양의 의료 제도를 채택하기 시작했다. 정부는 조산사의 역할을 규정하고 직무 능력을 향상시키기 위해 1899년 조산사 자격시험과 조산사 등록 제도를 도입했다. 조산사 자격을 얻기 위해서는 서양의 산과학을 배우고 조산에 필요한 서양의 의학적 지식을 획득하는 것이 필요해졌다. 일본의 조산 의료는 에도 시대의 민간요법과 한방의료 지식을 기반으로 한 산파 의료에서[14] 서양의 산과학을 기초로 한 의료로 이행되었지만 임신·출산·산후 기간에 여성을 보조하는 전문가로서의 조산사의 역할은 크게 다르지 않았다.

제2차 세계대전 후에 일본은 연합국 점령하에 들어갔다. 일본을 점령하고 관리하는 미군은 1945년 9월에 일본의 의료와 공중위생을 향상시키는 것을 목적으로 보건의료기구의 근본적인 개혁을 명령했다. 일본의 조산사 제도 개혁에도 착수했다. 당시 미국에서 간호학이 가장 확립되어 있던 예일대학교 간호학부에서 교육을 받았다는 올트 과장(Grace Elizabeth Alt GHQ 공중 위생 복지부 간호과 초대 과장)의 지도로 간호 업무는 의사와 협력하여 의료의 일 부분을 담당하는 독자적인 의료 행위라고 인정하는 새로운 제도가 도입되었다. 이것은 일본 간호사가 의사에 대해 종속적인 지위를 강요받던 일본 의료에 대한 개혁이었다. 1948년 7월에 '보건사 조산사 간호사법'이 공포되었다.[15] 이 법이 시행됨에 따라 일본 조산사는 간호사

---

14   望月哲男 鈴木淳一訳, ミハエル・バフチン(Mikhail Bakhtin),『ドストエフスキーの 詩学』, 筑摩書房, 1995, 265쪽.

15   沢山美果子,「赤子と母のいのちを守るための江戸時代の民間療法」,『国立民族学博 物館研究報告』40, 2016, 472쪽. 사와야마 논문이 의미하는 민간요법이란 민중이 질병 이나 부상에 조우했을 경우에 입수하기 쉬운 재료를 사용하여 생활의 경험지로서 치 료를 하는 것이다. 이 요법에는 중국 의서의 지식과 주술적 요소도 혼재돼 있다.

와 조산사 모두의 자격을 취득해야 했다.[16] 현대 조산사도 간호사와 조산사의 국가 자격을 필요로 한다. '보건사 조산사 간호사법'은 임산부와 신생아 보건 지도, 이들의 증상 관찰, 환경 정비, 식사 제공, 신체 위생, 배설 케어, 생활 지도 등의 간호 업무를 수행하는 조산사를 주체적인 의료 종사자로 규정했다.

이러한 법적 역할을 부여받은 조산사는 정상·자연분만을 할 수 있는 이른바 이상출산 위험도가 낮은 임산부의 출산과 신생아의 보조에 일의적인 역할을 했다. 1950년에는 조산사 주도의 간호에 의한 자택 출산이 95%를 차지했다.[17] 그러나 1960년대 이후에 의사를 중심으로 하는 의료 관리 시스템의 구축으로 출산은 산과의사의 안전관리 하에 놓이게 되었다. 그로 인해 병원과 진료소에서 이뤄지는 출산 수가 늘기 시작했다. 1960년에는 병원 출산이 전체의 50%였으나 1976년에는 99%까지 상승했다. 1976년에는 출산의 91%가 의사의 개입을 받게 됐다. 병원에서의 출산 증가는 조산사가 자율적으로 출산을 돕는 출산에서 산과의사가 관리하는 출산으로의 변화를 가져왔다. 그에 따라 출산 주체로서의 임신부는 치료를 받는 '환자'가 되어 그 입장이 변화되었다.[18] 친족과 떨어져 도시에 거주하는 핵가족의 수가 증가한 것도 병원에서의 출산 경향을 가속화했다.[19]

---

16   金子光編, 『初期の看護行政』, 日本看護協会出版会, 1992, 14쪽.

17   加納尚美, 「助産師とは」, 加納尚美編 『助産師になるには』, 東京:ぺりかん社, 54-55쪽.

18   日本助産実践能力推進協議会(編), 『助産実践能力育成のための教育プログラム』, 東京: 医学書院, 2015, 2-7쪽.

19   Koshiyama M., Watanabe Y., Motooka N., Horiuchi H., "The current state of professional midwives in Japan and their traditional virtues," Women Health Open J.,

2012년에 일본에서 출산한 여성 중 52.7%(54만6793명)가 병원에서 출산했고 46.3%(48만262명)가 클리닉에서 출산했다. 출산 형태의 변화는 조산사의 근무 형태에 호응하고 있다. 2012년에 병원에서 근무하는 조산사 비율은 65.3%(2만784명)였고 진료소에서 근무하는 조산사는 20.9%(6,663명)였다.[20] 이 변화는 조산사가 중심이 되어 출산 보조를 하는 조산원에서 일하는 조산사가 줄고, 대신 산과 의료를 전문으로 하는 의료기관에서 근무하는 조산사가 증가했음을 의미한다. 병원 근무로 인해 조산사는 의사와의 의료 업무 분담 및 협력이 더 필요해졌다.

1960년대 이후에 의료관리 시스템 구축은 출산에 대해 의사가 중요한 역할을 하도록 촉구했다. 일본에서도 유럽과 미국의 산과 의료 목적이 도입되었다. 산모의 생존을 확보하는 것뿐만 아니라 신생아의 생존율을 높이는 것이 첫 번째 목표가 됐다.[21] 일본에서도 목표 달성을 위해 제왕절개술 이용 비중이 증가했는데, 이로 인해 흉수의 축적·혈전증·출혈·패혈증 등을 유발할 위험이 높아졌다. 이러한 이상출산 위험도가 높은 출산의 증가는 출산에서 차지하는 산과의사의 역할을 증대시키는 결과를 가져왔다. 이에 따라 산과의사와 조산사 혹은 조산사와 임산부 혹은 산과의사와 임산부의 관계가 점점 더 계층적으로 되어 갔다.

게다가 일본 사회의 변화가 임신·출산 시 산과의사의 개입을 촉진시

2-1, 2016, pp. 8-10.

20   土屋宰貴,「わが国の「都市化率」に関する事実整理と考察── 地域経済の視点から──」,『日
      本銀行ワーキングペーパーシリーズ』No. 09-J-4, 2009, 1쪽. https://www.boj.or.jp/
      research/wps_rev/wps_2009/data/wp09j04.pdf (2022.11.01. 接続).

21   村上明美,「社会からの助産師への期待と求められる役割」, 日本助産実践能力推進協
      議会編『助産実践能力育成のための教育プログラム』, 東京: 医学書院, 2015, 8-13쪽.

컸기 때문에 조산사는 의사를 중심으로 하는 의료 계층 구조에 편입되어 갔다. 평균 결혼 연령 상승은 이상출산 위험도가 높은 임신율을 상승시켰다. 현재는 전체의 약 30%를 차지하는 35세 이상 여성의 출산이 이상출산 위험도를 높이고 있다. 이들은 임신 고혈압이나 임신 당뇨병에 걸릴 위험이 높다.[22] 이상분만 증가로 임신·출산 시 산과의사 개입이 증가했다. 정상분만의 경우는 조산사가 단독으로 출산을 도울 수 있지만 일본의 출산율이 떨어지고 있기 때문에 그런 기회는 감소하고 있다.[23] 제왕절개술이나 유도분만술, 경막외진통술, 척추마취술, 회음부 절개를 필요로 하는 분만은 의사가 하기 때문에, 그런 분만은 의사의 지도력을 높이는 결과가 된다.[24]

병원에서의 출산이 대다수를 차지하게 되면서 더욱 고령 출산이 증가하였기 때문에 산과의사 주도의 출산이 증가하였다. 그로 인해 생물학적 지식에 기반한 산과 진료가 조산사들이 축적해 온 출산이나 진통에 관한 경험보다 중시되게 되었다.[25] 출산 이전에도 임신 중 건강검진이나 약제

22 Koshiyama M, Watanabe Y, Motooka N, Horiuchi H., *op. cit.*, p. 9.

23 Japanese Nursing Association, "Midwifery in Japan," Japanese Nursing Association, 2018, https://www.nurse.or.jp/jna/english/midwifery/pdf/mij2018.pdf (2022. 09.23. Accessed).

24 1970년대 이후의 일본의 출산율은 계속 감소하고 있다. 2018년 총 특수출산 수는 91만 8397명이었고 출산율은 1.42명이었다. 2021년 출생 수는 81만 1622명이었고 출산율은 1.33으로 떨어졌다.(Japanese Nursing Association, ibid., p.3, https://www.nurse.or.jp/jna/english/midwifery/pdf/mij2018.pdf (2022. 09.23. Accessed).; 厚生労働省,「結果の概要」,『人口動態統計(確定数)の概況』, 厚生労働省 2021, https://www.mhlw.go.jp/toukei/saikin/hw/jinkou/kakutei21/dl/02_kek.pdf (2022. 11.0.01. 接続).)

25 Japanese Nursing Association, ibid., p. 244.

를 이용한 진단 등은 의사만이 할 수 있는 의료 행위이다. 고도로 전문화된 산과 기술은 직능 전문성과 바이오 파워에 권위를 부여하는 관료적 계층성에 중점을 두고 있다.[26] 이 의료 시스템은 의사의 지식·실천상의 우위성을 인정하고 있어 의사를 정점으로 하는 의료 계층화를 촉진시켰다. 그러나 한편에서는 조산사가 의료 업무 중 주도성을 발휘하는 분야가 개척되어 갔다. 이것은 앞으로 후술할 사례에서 드러날 것이다.

이러한 산과 의료 변화에 대응하기 위해 일본간호협회는 조산사가 임산부에 대해 어떤 의료 행위를 해야 하는지 모색하기 시작했다. 조산사는 임신·출산·산후 기간 동안 계속해서 임산부를 간호 및 보조하는 역할에 주목했다. 협회는 조산사의 역할에 관해 임산부의 의사를 존중하고 일관성 있는 모자 건강관리를 제공하겠다고 선언하고 있다.[27] 이것은 조산사가 의사와 경쟁하지 않는 분야에서 자율적인 역할을 맡음으로써 임신 및 출산보조 전문가로서의 권위를 확립하고, 일에서 자존감을 높이기 위한 시도이기도 하다. 이러한 조산사의 태도와 실천은 임산부의 모체와 태아의 건강을 관리할 책임이 있음을 자각시키기 위해 업무의 중요성을 인식시킨다. 이러한 조산사의 역할은 의사·조산사·임산부 간의 권력 관계에 영향을 주고 있다. 의사의 지식적 실천적 우위성을 인정하는 계층적 의료 시스템의 일부에 포함되어 있음에도 조산사나 임산부가 의사에 대

---

26 Jordan, B., *Birth in Four Cultures: A Cross-cultural Investigation of Childbirth in Yucatan, Holland, Sweden, and the United States* (4th edn.), Prospect Heights, IL: Waveland Press, 1993, p. 150.

27 Davis-Floyd, Robbie, *Birth as an American Rite of Passage*, Berkeley: University Of California Press, 1992, p. 44.

해 반드시 종속적인 입장이 되는 것은 아니다. 조산사들은 의료 업무 중 이들이 자율성을 발휘할 수 있는 분야나 임산부가 주체적으로 모체 환경을 관리하는 의료 영역을 확대하고자 모색하고 있다.

3. 조산사 실무

임산부는 임신 검진으로 병원이나 클리닉을 방문할 때 조산사와 대화하고 상담할 기회가 있다. 산과의사의 진단으로 임신이 확정되면 임신증명서 제출 후에 지방자치단체에서 임산부에게 '모자건강수첩'이 지급된다. 이것은 일반적으로 '모자수첩'이라고 불리며 모자의 건강기록용으로 이용된다. 모자수첩에는 건강검진 항목이 기재되어 있어 임산부 자신이 매번 검사 결과를 기록하도록 장려된다. 검사항목은 임산부의 체중증가(2012년 이후에는 기재 항목에서 삭제되었지만 목표 체중 지침을 설정)·허리둘레·혈압 외 부종·요단백·요당·혈액검사와 태아와 질 초음파검사 등이며, 그 모든 수치와 기타 특기 지시사항이 모자수첩에 기재된다. 조산사는 이 기록들을 참조하여 임신 발달과 임산부의 일상 활동에 관한 상담이나 조언을 한다. 조산사들은 이들과의 대화를 통해 임산부 자신이 임신기에 엄마가 되는 자각을 촉구하도록 지도한다. 임산부의 자발적인 활동을 지원하기 위해 병원에서는 조산사가 여성을 지도하는 다양한 산전교육 과정을 모바일 어플리케이션과 지면으로 소개하고 있다.

임산부 검진 시 조산사가 중심이 되어 담당하는 것은 임신보건지도와 식사·영양 지도이다. 임신 기간 동안 받는 14회 검진 모두에서 이 같은 지도가 이루어진다. 식사·영양 지도는 체중관리 지도가 그 중심이 된다. 이러한 모체 관리는 조산사가 산과의사의 협력 하에 실시하고 의료 지식에 의해 뒷받침된 의료 행위로서 정당화되고 있다. 임산부와의 소통을 통해 산모로서의 자각을 촉진하고 자발적으로 건강관리를 하도록 지도하는 역할을 담당함으로써 조산사는 의료 업무에서 의사와는 다른 분야에서 직능 전문성과 자율성을 발휘할 수 있다. 실제로 조산사는 임산부에 대해 어떻게 체중관리를 장려하고 지도를 하는지 의료 행위를 지도하는 조산사 교과서의 한 예를 소개한다.

1) 임산부 체중관리에 관한 조산사의 시책

아래의 예는 조산사 교육을 위한 교과서가 소개하고 있는 자료를 바탕으로 하고 있다. 임산부는 임신 기간 동안 체중 및 식사 관리를 적극적으로 해야 하므로 조산사는 그 목표를 달성하기 위한 지도 방법을 배운다. 지도는 오픈 다이얼로그(Open Dialogue) 형식으로 이뤄진다. 조산사는 모자수첩에 기재된 체중 기록과 임산부가 기록한 매일 식사 표를 보고 임산부가 자발적으로 식습관 및 행동양식을 바꿀 수 있도록 적절한 조언을 해준다. 이 예시에 등장하는 임산부는 임신 30주차 여성이지만 체중이 충분히 늘지 않았다.[28] 교과서에 적혀 있는 '의료 기술 개발을 위한 교육지침'을 좀 더 명확하게 하기 위해 괄호 안의 문장을 보충했다.

---

28 Japanese Nursing Association, *op. cit.*, p.19.

조산사 (M) : (임산부 검진 체중 기록과 식단표 내용을 본다.) 체중이 늘지 않았다는 것을 알고 계셨나요?

임산부 (P): 네. 왜 늘어나지 않는 걸까요?

M: 많이 먹기 힘드세요?

P: 임신 전에는 아침을 먹지 않았지만, 임신한 후에는 먹으려고 노력하고 있어요. 저는 요리를 잘 못해서 요리하는 데 시간이 걸리고 부담이 됩니다. (M은 P의 개인 정보를 수집한다.)

M: 아침을 먹으려고는 하고 있군요. 요리가 스트레스의 원인일까요? (M은 P의 노력을 인정한다. P가 필요한 행동 방침을 얼마나 잘 수행할 수 있는지 판단한다.)

P: 제 친구는 유기농 식품을 사용한 식사를 하는 편이 태아에게 좋은 영향을 준다고 말해 줬습니다. 하지만 요리하는 것이 귀찮아서 더 스트레스가 쌓여요. (P의 스트레스 요인을 확인한다.)

M: 당신은 요리를 잘 하지 못하는데도 요리를 해야 한다고 생각하지 않았나요? 그게 스트레스 원인일지도 모르겠네요. 아기를 위해 좋다고 생각하는 것 중에 할 수 있는 일이 또 있을까요? (M은 P에게 일상의 행동을 바꾸는 방법을 생각하라고 권한다. M은 자발적으로 태도를 개선하는 것이 P의 태아에게 좋은 영향을 준다는 것을 시사한다.)

P: 스트레스를 담아 두지 않는 것.

M: 그렇습니다. 우선 무엇을 하면 좋을까요? (M은 P에게 자발적으로 무엇을 해야 할지 결정하도록 촉구한다.)

P: 유기농 식품을 사용하여 조리하는 것을 그만두겠습니다. 간단한 요리를 만들고 싶지만 레퍼토리가 부족해요.

M: 쉽게 조리할 수 있고 준비에 걸리는 시간도 단축할 수 있는 조리법이 있

습니다. (M은 P의 결정을 지지한다. M은 P에게 정보를 제공한다.)

P: 할 수 있을 것 같네요. 시도해 보겠습니다. (P는 자발적으로 행동 패턴을 바꾸는 것을 결정한다.)

조산사는 대화 속에서 임신부가 자발적으로 체중관리 방법을 찾고 이들의 자율적인 결정을 촉구한다. 아침식사를 만드는 것에 대한 부담을 덜어주기 위해 임산부에게 조언을 주고 식단 관리에 대해 자신감을 갖게 한다. 마른 임산부가 체중을 늘리는 것은 태아의 건강과 관련이 있음을 자각시킴으로써 태아를 위해 좋은 일을 하는 엄마가 되고 싶다는 의식을 높이게 한다. 이러한 오픈 대화 형식의 조산사와 임산부의 협력적인 의사소통을 통해 체중관리의 목적은 '좋은 모체 환경을 만드는 것'임을 임산부가 자각하도록 돕는다.

임산부의 신체는 산모와 태아를 모두 포함하는 것으로 간주된다. '이제 한 사람의 몸이 아니라니까'라는 표현은 임산부가 태아를 위해 건강관리를 게을리 해서는 안 된다는 사회적 경고를 포함한 관용구다. 위의 예는 임산부가 모자의 건강을 유지하고 출산 안전을 향상시키는 것이 의학적으로나 일본의 사회 관습적으로나 중요하다는 것을 보여준다. 조산사의 역할은 규칙적으로 영양 밸런스가 좋은 식사를 하고 스트레스를 받지 않는 것이 중요하다는 것을 임산부가 인식하도록 지도를 하는 것이다. 임산부가 스스로 적극적으로 건강관리를 하도록 독려하는 산전교육은 이런 이유로 의학적으로나 사회적으로 지지를 받는다. 임산부에게 어머니로서의 자각을 갖게 하고 자발적으로 건강관리를 하도록 지도하는 역할을 담당함으로써, 조산사는 의료 업무에서 의사와의 역할 분담을 확립하여 직능 전문성과 자율성을 높인다는 목표를 수행할 수 있다.

일본의 산과 의료가 임산부의 체중관리에 큰 관심을 가지고 있다는 것은 다음 논의에서 드러난다. 2011년 3월 일본산부인과학회가 '임산부 체중 증가 지도 기준'을 개정하기 이전에는 임산부 검진 시 체중 증가 기준치를 초과한 임산부에 대해 "더 이상 체중을 늘리지 않도록 해주세요" 라고 조산사가 엄격하게 지도했었다. 주의를 받는 것을 두려워한 임산부는 '혼나면 어떡하지' 싶어 불안해하는 바람에 스트레스가 증가했다는 보고가 많다.[29] 기준치 이상의 체중 증가를 막기 위해 임산부들은 검진마다 계측된 체중을 모자수첩에 기입해 그 변화에 일희일비하고 있었다. 임산부 체중이 지나치게 늘면 난산, 4,000g 이상의 신생아 출산, 긴급제왕절개·임신고혈압증후군, 임신당뇨병 등이 생길 가능성을 높인다는 의료 지식에 기반한 설명이 조산사에 의해 이뤄진다. 조산사는 임산부에게 스트레스를 주는 체중관리라는 의료 행위를 산과의사와 협력해 촉진해 왔다. 조산사는 임산부의 생활 관리 방법을 대화를 통해 찾는 의료 행위에서 의사와 역할을 분담함으로써 산모의 체중관리를 해 온 것이다.

2021년 증가 체중 지침 수정은 그동안 체중관리 의료를 정당화하기 위해 이용해 온 의료 정보의 중요성을 부정함으로써 새로운 의료 행위를 추진하고자 하였다. 산과의사들이 그 수정 이유를 증명하기 위해 미디어 보도에서 사용한 의료 정보 및 통계 데이터는 거의 동일했고 이들의 담론도

---

29   山本智美,「妊産婦への生活の調整支援」, 日本助産実践能力推進協議会 編,『助産実践能力育成のための教育プログラム』, 東京: 医学書院, 2015, 112-115쪽.

마찬가지였다.[30] 산과의사들은 하나같이 후생노동성이 발표한 '활력 있고 지속가능한 사회 실현을 지향한다는 관점에서 우선적으로 대처해야 할 영양과제에 대하여'에 기재된 데이터를 언급하여 다음과 같은 담론을 만들어냈다. 마른 일본 여성의 비율(BMI 18.5 미만)은 증가했으며 2019년에는 20대 여성의 21.7%와 30대 여성의 13.4%가 마른 사람이었다. 마른 성인 여성의 비율(BMI〈18.5/m²)의 국제 비교에서 일본은 OECD(경제협력개발기구) 가맹 국가 중 9.3%로 제1위이다.[31] 출산 적령기인 20~30대 여성은 다이어트 지향이 높기 때문에 BMI 18.5 미만의 마른 사람이 많다. 그래서 일본에서는 2,500g 미만으로 태어나는 저체중아 비율이 OECD 회원국 중 1위로 9.4%를 차지한다(2017년)고 산과의사들은 주장한다.

또한 임신 중 체중 제한으로 인해 미래의 건강이 우려되는 저체중아 출산을 일본에서 증가시키고 있을 가능성이 있다는 미국 학술지 Science의 지적을 채택하여[32] 마른 여성의 체중 증가 필요성을 강조하는 의료 방침

---

30 宮谷由枝, 松本千聖, 「毎日の体重測定が「地獄」妊婦を苦しめた医師の指示」, 『朝日新聞デジタル』, 2021.07.04, https://www.asahi.com/articles/ASP716JYYP6QDIFI00B.html; 朝日新聞デジタル@asahicom, 「食事はサラダとわずかな鶏肉…妊婦を苦しめえる厳しい体重制限」, 『Twitter』 2021.07.04., https://twitter.com/i/events/1411592603913523202(2022.09.21接続).

31 神宮司実玲, 「妊婦のやせすぎ 子どもにもリスク 医師に聞く体重管理」, 『朝日新聞デジタル』, 2021.07.04., https://www.asahi.com/articles/ASP714PTNP6KULBJ008.html (2022.09.21. 接続).; パラマナビ, 「24年ぶりにアップデートされた「妊娠中至適体重増加量」の目安 ～出生児の数十年後の将来を見据えて],『パラマナビ』, 2022.02.28., https://media.paramount.co.jp/wo-b-202202-01/ (2022.11.01.接続).; 福島 安紀, 「日本の「妊婦の厳しい体重管理」の基準が変わったワケ:なぜ妊婦の体重制限が危険なのか?」, 『日経BP』, 2021.05.25., https://project.nikkeibp.co.jp/behealth/atcl/feature/00037/052000004/ (2022.11.01. 接続).

32 임신 전 BMI 체격 지수 = 신장(m) *신장(m) / 체중(Kg). 1997년 지표에 따르면 BMI

으로 전환했다. BMI 130 이상 비만 여성 외에는 강한 체중 제한을 하지 않더라도 거대아 출산, 긴급제왕절개, 임신고혈압증후군 등의 확률은 크게 늘지 않으므로 이들에 대해 체중 제한을 엄격히 할 필요는 없다. 저체중아는 어른이 됐을 때 고혈압·당뇨병·이상지질혈증 등 성인병에 걸릴 위험도가 높을 뿐 아니라 조현병·호흡기 질환·골다공증 등의 질환에 걸릴 가능성이 높다.[33] 산과의사들이 제창하는 이런 새로운 의료 지침을 조산사들은 받아들이고 협력한다. 임산부의 체중 증가를 억제하는 지도에서 체중 증가가 어려운 마른 여성에 대해 체중 증가를 장려하는 모체 관리 지도로 변경되고 있다. 이 장에서 검토한 체중 증가를 장려하는 대화 사례는 체중 지침 수정 이전의 조산사 교육 방법이지만 마른 임산부의 체중 증가가 장려되는 조산사 교육 지도 방법이 향후 발전할 것으로 예상된다.

체중관리에 관한 의료 방침은 바뀌었지만 일본 산과 의료가 체중관리에 큰 관심을 갖고 있는 것은 변함이 없다. 대화 사례가 보여주듯 임산부에 대해 자율적인 체중관리를 독려하는 조산사의 역할은 중요하다. 이러한 의료 활동을 함으로써 조산사는 의료 시스템 안에서 의사와 연계하면서 그 존재 의의와 자율적 업무에 대한 역량을 높여 가고 있다.

18.5 미만인 경우는 바람직한 체중 증가량이 10~12kg이고 BMI 18-24의 경우는 바람직한 체중 증가량이 7~10kg이다. BMI가 24를 넘는 경우는 5~7kg이었다.

33 Normile, Dennis, "Staying Slim during Pregnancy carries a Price: Japanese are shrinking as low Birth Weight rises; Their Health may be at Risk as well," Science, Aug 3, 361 (6401), 2018, p. 440.

2) 자연 및 정상 분만의 존중

조산사의 역할은 긍정적이고 유의미한 의료 정보를 제공함으로써 임산부가 안전하게 출산을 할 수 있도록 보조하는 것이다. 조산사는 임산부의 불안을 스스로 해소하는 데 도움을 주거나 이들의 궁금증에 답함으로써 임산부가 뱃속 아기를 사랑하는 감정을 불러일으키게 하고, 자신 있게 출산에 임할 수 있는 모체를 만들기 위한 지도를 한다. 스비 이블리(Tsipy Ivry)는 일본 체류 중 임신하여 산과 의료에 관한 연구를 한 이스라엘 인류학자이다. 그녀는 모체와 태아에 대한 일본의 의료 지식 구축과 실천의 특수성을 단적으로 설명하고 있다. 예를 들어 일본인들은 임신 7주차인 아직 '태아'로도 분류되지 않는 '배아기'를 '아기'라고 하고 임산부를 엄마라고 부르지만[34] 이스라엘 사람들은 이런 태아를 아기라고 하지 않는다. '뱃속의 아기'는 일본인 어머니가 사랑하고 키우는 대상이지만 임신 초기 이스라엘인들은 이런 감정을 갖고 있지 않으며, 이들은 어머니로 간주되지 않는다. 이스라엘의 임산부 건강검진에서는 태아의 건강상태나 유전자・염색체 이상 검사가 중요한데, 일본 검진은 모체의 체중관리에 주목한다. 이것은 모체의 상황이 건강한 아기를 키우기에 좋은 환경을 조성하고 있는지 관찰하기 때문이다.[35] 일본 조산사의 의료 업무는 임신과 출산에 관한 일본 의료 문화의 특징과 관련이 있다.

34　福島 安紀, 前出論文.

35　육아와 출산에 관한 전문 잡지들이 임산부를 프리마마(pre-mama=임신 중인 여성을 뜻하는 신어)라고 부르는 것은 임산부를 엄마 후보자로 간주하기 때문이다.

일본인이 모체 건강관리를 중요시하는 것과 임산부가 정상·자연분만을 선택하는 경향이 강한 것은 서로 관련이 있다. 이들은 조산사 업무 특화와 업무 확대에 기여하고 있다. 일본 조산사들은 임신과 출산의 정상적인 과정을 뒷받침하는 것이 이들의 역할임을 이해하고 있다. 일본 여성은 진통을 견디는 것이 어머니의 미덕이기 때문에 자연·정상분만을 해야 한다는 생각이 있다. 진통의 아픔을 견뎌낸 출산은 엄마가 된 기쁨과 성취감을 준다.[36] 일본 여성은 진통의 통증을 줄이기 위해 경막외 마취를 사용하지 않는 경향이 있다. 2016년에 산과 진통제를 사용하는 일본 여성의 분만율은 전체의 6.1%였다.[37] 2020년의 일본의 제왕절개 분만율은 21.6%이므로 2013년의 OECD 회원국 평균치인 28%보다 낮다.[38] 반면 한국에서는 2019년 데이터에 따르면 제왕절개 출산율이 42.3%이고[39] 중국에서는 2018년의 제왕절개 출산율이 35.6%이다.[40] 이 비교에서 보듯 일본에서는 이상분만 위험이 높은 임산부 외에는 자연분만을 원하는 여성들이 많다. 임산부의 모체 관리는 정상·자연출산이 가능한 건강한 신체를 만들

36   Tsipy, Ivry, *op. cit.*, p. 88.

37   Koshiyama M, Watanabe Y, Motooka N, Horiuchi H., *op. cit.*, pp. 8-10.

38   勝村久司, 「無痛分娩 決める前に知ってほしいこと」, 『朝日新聞 Digital』 2018.01.29., https://www.asahi.com/articles/SDI201801282011.html (2022. 11.0.01. 接続).

39   東京マザーズクリニック, 「最新(2020年)の帝王切開率は21.6%」, 『東京マザーズクリニック』 2022.06.23. https://mothers-clinic.jp/anesthetist/3672/ ;Medical Tribune (2017), 「わが国の帝王切開率に地域差 全国平均は18.5%で「適切」の範囲内」, 『Medical Tribune』 2017.11.21., https://medical-tribune.co.jp/news/2017/1121511694/ (2022.09.01. 接続).

40   Yonhap News Agency (2019), "4 in 10 S. Korean Mothers opt for C-sections: Data," Yonhap News Agency 2019.04.08., https://en.yna.co.kr/view/ AEN20190408007600320 (2022.11.05.Accessed).

기 위해 필요한 것으로 이해된다. 이를 뒷받침하는 것이 조산사의 역할이다.[41]

이러한 인식을 바탕으로 일본 조산사는 임산부의 관점을 중시하는 의료 행위를 실천하는 것을 목표로 하고 있다. 조산사는 일본적 의료 지식과 과거의 연구 데이터를 의료 실천에 이용함으로써 임산부가 안고 있는 일상생활에서의 불안이나 그 해결을 목표로 하는 임산부와의 대화에 참여한다. 조산사는 임산부에 대해 자율적인 모체 관리를 촉진함으로써 분만을 견딜 수 있는 신체를 기르고 있다는 자신감을 임산부 안에서 육성한다. 그로 인해 임산부는 출산을 관리하는 것은 의사가 아니라 자기 자신임을 이해한다.

분만의 경우에도 조산사는 임산부가 출산의 주체임을 자각시키려고 시도한다. 조산사는 의료 지식이나 임상 데이터에 기반한 지식을 구사하여 의료 행위를 하지만 산과의사와는 다른 역할을 담당한다. 아래의 예는 조산사가 임산부의 상황을 관찰하여 임산부가 출산의 주체라는 자각을 갖도록 하기 위한 자연분만 돌봄 방법을 제시하고 있다.

여성의 출산을 용이하게 하기 위해 조산사는 "복도를 좀 걷고 싶으세요?"라고 임산부에게 제안했다. 걷다 보니 진통이 시작됐다. 조산사는 등을 마사지하면서 "난간을 잡고 멈춰도 돼요"라고 말했다. 그리고 조산사는 항문을 살짝 촉진함으로써 상태를 확인했다.[42]

---

41 Yan et al., "The Trend of Caesarean Birth Rate Changes in China after 'Universal Two-child Policy' Era: a Population-based Study in 2013-2018," BMC Medicine 18 (249), 2020, p.1.

42 Gepshtein, Yana, Horiuchi, Shigeko, and Eto, Hiromi. "Independent Japanese

조산사는 분만 과정 변화에 즉각 대응할 수 있도록 교육 받는다. 여성의 진통을 완화하기 위해 마사지를 하거나 항문을 촉진함으로써 진통 상태를 확인한다. 그래야 복압 상승 정도를 알 수 있다. 조산사는 걷기를 통해 자궁 수축이 촉진되고 진통이 일어나기 쉬워진다는 것을 교육과 임상치를 통해 알고 있으므로, 진통이 오면 항문을 촉진해 자궁 수축이 어느 정도 일어나고 있는지 판단한다. 조산사는 임산부를 관찰하고 출산에 대한 불안감을 제거하기 위해 긍정적인 메시지를 전달함으로써 임산부를 돕는다. 자연분만으로 출산을 하는 여성에게 다가가 대화를 하면서 조언을 해준다. 조산사는 이러한 의료 행위를 실시함으로써 자율적인 직능 영역을 확립해 나간다. 조산사는 진통을 맞은 여성에게 모체의 힘을 믿게 해 분만에 임하게 한다. 이러한 출산 과정을 경험함으로써 여성들은 임신과 출산에서 성취감을 얻고 어머니로서의 자신감을 갖게 된다. 이것은 어머니라는 지위에 가입하기 위한 통과 의례의 하나로 이해하고 있기 때문에 일본 여성은 정상·자연분만을 선택하는 경향이 강하다. 임산부와의 대화를 통해 벌이는 의료 행위는 조산사 업무를 특화시키고 있다. 임신 및 출산에 관한 의료 지식을 의사와 조산사와 임산부가 공유하기 위해서는 임산부와 대화하는 조산사 업무가 중요하다. 조산사가 자율적으로 조산을 수행하는 의료 체제를 구축한다는 목표를 달성하고자 할 때 이러한 조산사 업무의 특수성이 조산사의 역량을 향상시킬 기회를 주고 있음을 알 수 있다.

---

midwives: A Qualitative Study of their Practise and Beliefs," Japan Journal of Nursing Science 4, 2007, p. 90.

4. 맺음말

조산사에 의한 임산부 대화 치료를 분석함으로써 모체의 건강관리를 촉진하는 조산사의 의료 행위는 의료전문가가 보급한 의료 지식이나 일본의 사회 관행에 기초하여 이루어지고 있다는 결론에 이르렀다. 임산부와 조산사 간 대화는 임산부가 모체 관리 주체로 활동할 것을 촉구한다. 임산부가 출산에 대비해 어떤 준비를 필요로 하는지, 그리고 조산사가 어떤 방식으로 임산부를 지원할 수 있는지는 대화 과정에서 드러난다. 이같은 의료 행위는 의사의 진료 행위와는 다르다. 의사는 의학적 판단으로 이상이나 질병을 판단함으로써 환자에 대해 치료를 위한 시사나 권고나 지시를 한다. 한편 조산사는 정상적인 임신 및 출산이 가능하도록 임산부의 의견을 들으며 조언을 해주거나 비정상적인 상태를 정상적인 상태로 이끌기 위한 방법을 임산부와 함께 찾을 수 있도록 그 지도 방법을 채택한다. 의사의 진료 행위와는 다른 조산사의 의료 행위는 조산사가 담당하는 역할을 특화시킬 가능성을 열어준다. 조산사의 모체 관리에 대한 적극적인 관여가 산 의사와 조산사, 그리고 조산사와 임산부의 관계를 변화시킬 가능성을 높인다. 여기서 볼 수 있는 의사와 조산사와 임산부의 관계는 의료 지식을 가진 의료인이 지식과 기술을 행사해 임산부의 신체를 억압·지배한다는, 미셸 푸코가 제시한 의료 계층 관계가 아니다. 조산사와 산과의사의 연계 및 협력관계를 바탕으로 역할 분담을 수행하는 것을 목표로 하는 조산사는 산과 의료 전문가로서의 주체성을 확립하여 직장에서의 자존감을 높일 수 있다. 이 사실은 임신과 출산의 모든 과정이 산과의사의 관리 하에 있는 것은 아님을 보여준다.

병원 근무 조산사가 증가한 1960년대 이후에 미셸 푸코(1979)가 주창한 의료관리 시스템이 일본에서도 보급됐다. 조산사는 집이나 조산원에서 자율적으로 출산을 돕는 존재가 아니라 병원 내에서 임산부를 보조하는 지위에 놓이게 되었다. 그런 상황에서 일본 조산사는 자율적·주체적으로 의료 행위를 수행하는 전문가로서 의료 업무 분야에서 특화된 역할을 담당하는 것을 목표로 했다. 산과의사와의 협력관계를 구축하면서 임산부와 대화하는 의료 행위를 추진함으로써 의사와 조산사와 임산부가 각각의 역할을 자각하게 되었다. 조산사의 직능 전문성 추구가 삼자 간 의료계층 관계를 타파할 가능성을 가져왔음은 본 논문의 분석을 통해 밝혀졌다고 생각한다.

출산의 필요악*

— 20세기 초 미국 이민자 사회의 산파

신지혜 (전남대학교 역사교육과 조교수)

1. 머리말

1970년대 후반부터 1980년대 후반, 미국과 영국에서는 여성의 권리를 둘러싼 치열한 논쟁 속에 산파(midwife)와 관련한 연구가 등장하여 이름 없고 얼굴 없는 많은 여성의 공헌을 재발견하고자 하는 움직임을 보였다.[1] 다른 지역에서도 산파의 역사에 대한 관심이 커졌는데, 일례로 동아

---

1   다음은 산파를 다룬 주요 저서와 논문이다. Judy Barret Litoff, "Forgotten Women: American Midwives at the Turn of the Twentieth Century," *The Historian* 40-2, 1978, pp. 235-251; Nancy Schrom Dye, "Review Essay: The History of Childbirth in America," *Signs* 6, 1980, pp. 97-108; Polly F. Radosh, "Midwives in the United States: Past and Present," *Population Research and Policy Review* 5-2, 1986, pp. 129-146; Molly Ladd-Taylor, *Raising a Baby the Government Way: Mothers' Letters to the Children's Bureau 1915-1932* (New Brunswick: Rutgers University Press, 1986); Judith Walzer Leavitt, *Brought to Bed: Child-Bearing in America, 1750-1950* (New York: Oxford University Press, 1986); Deborah Kuhn McGregor, *From Midwives to Medicine: The Birth of American Gynecology* (New Brunswick: Rutgers University Press, 1998). 21세기 들어서는 20세기 후반의 자연주의 출산 운동에 대한 연구, 흑인 산파의 구술사 연구 몇 편이 발표되었을 뿐이다. 그러나 흑인 산파 연구와 비슷한 맥락에서 일본계 미국인 산파의 역할을 재고한 수전 L. 스미스의 저서 등을 통해 또 다른 연구의 가능성을 엿볼 수 있다. 21세기에 출간된 흑인 산파 연구는 다음을 참조. Onnie Lee Logan and Katherine Clark, *Motherwit: An Alabama Midwife's Story* (San Francisco: Untreed Reads

시아의 '조산사' 연구는 서구의 산파 연구보다 비교적 늦게 시작되었지만 연구 방향에서는 둘 다 크게 다르지 않았다. 대부분 20세기 초·중반 이후 산파업의 부상과 몰락을 추적했으며, 산파의 위치를 규정한 정부 정책을 분석했다.[2] 최근에는 출산의 다양한 과정과 절차에 대한 관심이 커지면서 사회학, 공중보건 및 간호 분야뿐만 아니라 역사학계에서도 다양한 관점에서 산파의 지위와 기여를 재고하는 토론이 활발하게 이어지고 있다. 그러나 20세기 초 미국의 산파, 특히 인종적으로 다양한 배경을 지닌 이들에 대해서는 여전히 연구가 충분하지 않다. 19세기 중반 이후 기존의 미국 태생 백인 산파가 의사로 대체되었고, 이민의 증가와 더불어 이민자 산파의 역할이 20세기 초의 '산파 문제'로 이어졌지만, 이들의 부상과 궁극적인 몰락을 이해하기 위해서는 심도 있는 논의가 필요하다.[3] 무엇보다

Publishing, LLC, 2014); Jenny M. Luke, *Delivered by Midwives: African American Midwifery in the Twentieth-Century South* (Jackson, MS: University Press of Mississippi, 2018); Debra Anne Susie, *In the Way of Our Grandmothers: A Cultural View of Twentieth-Century Midwifery in Florida* (Athens, GA: University of Georgia Press, 2009).

2   박윤재,「해방 후 한국 조산제도의 성립과 변화: 원로 조산사들의 구술을 중심으로」,『연세의사학』11-2, 2008, 35-49쪽; 신규환,「20세기 전후 동아시아 조산제도의 성립과 발전」,『연세의사학』11-2, 2008, 7-34쪽; 신규환,「조산사의 제도화와 근대적 생육관리-1930년대 북평시정부의 위생행정과 출생통제」,『중국사학회』42, 2006, 199-232쪽.

3   이민자 산파를 논한 대표적인 저작으로는 다음을 참조. Eugene R. Declercq, "The Nature and Style of Practice of Immigrant Midwives in Early Twentieth Century Massachusetts," *Journal of Social History* 19-1, 1985, pp. 113-129; Charlotte G. Borst, "Wisconsin's Midwives as Working Women: Immigrant Midwives and the Limits of a Traditional Occupation, 1870-1920," *Journal of American Ethnic History* 8, 1989, pp. 24-59; Susan L. Smith, *Japanese American Midwives: Cultures, Community, and Health Politics, 1880-1950* (Urbana: University of Illinois Press, 2006).

이민자 산파가 출산 과정에서 수행한 역할은 흑인 여성과 같은 다른 소수 인종의 상황과 병치되어, 여성의 경험은 물론 당시 미국 사회에 대해 여러 시사점을 제공한다. 따라서 이 글은 20세기 전환기에 이민자 산파가 미국의 이민자 사회에서 수행한 역할 및 이들을 바라본 미국 주류 사회의 시선에 주목한다. 미국 이민자를 동질한 집단으로 간주할 수는 없지만, 이민자를 대상으로 한 공중보건 어젠다가 이들의 다양한 배경을 고려하지 않았다는 점을 생각할 때, 이민자 산파를 하나의 분석 단위로 볼 수 있을 것이다. 이 글은 잊혀진 이민자 산파의 경험도 재고한다. 이들은 미국으로 삶의 터전을 옮기기 전부터 유능한 의료 전문가로 활동했지만, 새로운 공중보건 체제에서 지식과 직업을 포기할 수밖에 없었다.

여기서는 미국의 이민자 사회와 산파를 연구하기 위해 혁신주의 개혁가 마이클 M. 데이비스(Michael M. Davis)의 1921년 저서 『이민자 건강과 지역사회(Immigrant Health and the Community)』를 중심으로 미국의 이민자 사회를 대상으로 한 공중보건의 여러 문제를 조명한다.[4] 산파에 관한 장에서 데이비스는 이민자 산파가 수행하는 역할을 다루었다. 데이비스의 궁극적인 목표는 이민자들의 미국화(Americanization) 과정을 돕고 이민자를 미국이 원하는 이미지로 만드는 것이었지만, 그의 연구는 산파를 포함해 그동안 이민자 사회에서 소외되었던 면면을 조명하기 때문에 학문적으로 재고할 가치가 있다. 미국 동부에서 주로 활동했던 만큼 데이비스는 유럽 출신의 이민자 산파에 주의를 기울였는데, 여기서는 같은 기간 비유

---

4   Michael M. Davis, Jr., *Immigrant Health and the Community* (New York: Harper & Brothers Publishers, 1921).

럽 지역에서 이주한 산파들의 경험을 덧붙이고, 미국 남부의 흑인 산파를 논의함으로써 비교적 관점을 제시하고자 한다. 이민자와 흑인 모두 20세기 초 미국의 공중보건 체제에서 소외되었으나, 어려움에 처한 여성을 돕기 위해 나름의 사회 및 의료 네트워크를 활용했다. 20세기 초반은 의사들이 그들 자신의 의료 행위를 산파의 일과 구분하기 위해 고군분투했던 시기이므로, 산파업에 대한 저항을 통해 하나의 직업이 생겨나고 자리를 잡는 과정을 살펴볼 수도 있다. 또한, 이 글은 산파업이 새로운 정부 정책의 도입, 그리고 바람직한 개인들로 구성된 '건강한 국가'의 건설과 어떻게 연관되었는지 이해하는 데도 도움이 될 것이다.

2. 마이클 M. 데이비스와 이민자의 건강

본론으로 들어가기 전에 '산파'라는 단어를 살펴보도록 하자. 영어로 midwife는 '출산 시 어머니와 함께 있는 사람(일반적으로 여성)'을 의미한다. 여기서 mid는 with로 midwife는 "with wife"라는 뜻이다. Midwifery는 한국어로 산파술 혹은 조산술—이 글에서는 직업적 측면을 강조하기 위해 '술' 대신 '업'이라고 쓰겠다—이라 번역할 수 있는데, 옥스퍼드 영어 사전에 따르면 '산파가 하는 일 또는 직업'이라는 뜻을 갖고 있다. Obstetrics(산부인과)의 어원도 '산파와 관련된 것'이라는 *obstetricius*에서 나왔다.[5] 산파는 보통 여성이지만 용어 자체에는 여성을 의미하는 단어가

---

5   Adrian Wilson, *Ritual and Conflict: The Social Relations of Childbirth in Early Modern*

포함되어 있지 않았다. 한국을 비롯해 여러 지역에서는 조산사로 번역될 수 있는 birth attendant가 많이 사용되는데, 이는 출산에 수반하는 작업의 의료적·전문적 측면을 강조하기 위한 것으로 보인다.[6] 그러나 영어권은 여전히 midwife를 주로 사용하고 있으며, birth attendant는 출산 과정 전반과 관련된 여러 사람―산파, 의사, 간호사, 가족 등―을 포함한다. 세계보건기구(WHO)도 산파업(midwifery)을 "임신 전, 임신, 출산, 산후 및 생후 몇 주에 걸친 기간 동안 임신한 여성, 신생아 및 가족을 위해 숙련되고 풍부한 지식으로 정성어린 보살핌을 제공하는 것"이라 정의하여 전문성을 강조하고 있다.[7] 이 글의 맥락에서 중요한 것은 산파에서 조산사 같은 단어의 변화가 아니라 의미와 인식의 변화이다. 따라서 조산사보다는 '산파'라는 용어를 사용하는데, 역사성을 반영한다는 점에서도 의의가 있다.

이미 18세기부터 미국의 남자 의사들은 산파를 대체하고자 여러 방법을 도입했다.[8] 19세기를 거쳐 20세기 초가 되면 의사가 주도하는 출산이 보편화되었다. 물론 미국 태생의 전통적인 산파와 의사 사이에 갈등이 없

England (New York: Routledge, 2016), p. 219.

6　예를 들어, 동아시아의 역사적 맥락에서 midwife는 보통 출산 경험이 풍부한 나이 든 여성을 의미했기 때문에 '산파'업 역시도 구식에, 교육을 받지 못하고 비전문적인 직업으로 간주되었다. 한국에서는 산파가 1951년 조산원으로, 1987년 조산사로 개칭되었다. 박윤재, 앞의 글, 34쪽.

7　"Strengthening Quality Midwifery for All Mothers and Newborns," WHO, https://www.who.int/activities/strengthening-quality-midwifery-for-all-mothers-and-newborns (2022.8.19. 접속).

8　마사 밸러드(Martha Ballard)의 일기에서도 남자 의사가 분만에 개입하는 시대적 변화가 드러났다. Laurel Thatcher Ulrich, *A Midwife's Tale: The Life of Martha Ballard, Based on Her Diary, 1785-1812* (New York: Vintage, 1990).

었던 것은 아니었다. 19세기 중후반 미국 중서부와 동부에 산파교육 기관이 설립되었지만, 여기서의 교육은 철저하게 의사 중심이었다. 산파는 난산이 아닌 일반 분만에만 참여할 수 있었고, 도구 사용도 금지당했다. 교육의 질이 보장되지 않으면서 산파는 점차 전문성을 잃었다.[9] 한편 미국의 백인 여성들은 출산 시 의사의 도움에 더 의존했다. 1900년대 초만 해도 병원에 가기보다 집에 의사를 불러 분만을 돕게 했으나, 곧 많은 여성이 병원 출산을 받아들이게 되었다.[10]

산파와 의사의 관계에 또 다른 변화가 생긴 것은 19세기 후반 이민자 수가 급증하면서였다. 이민자 사회에서는 여전히 의사보다 이민자 산파가 출산의 책임을 졌고, 다른 의료 분야와 비교해 다소 전문성이 떨어진다고 여겨진 산과와 부인과는 전문 분야로 입지를 다져야 했다. 그러나 20세기 초 산부인과의[11]의 부상에도 불구하고 이민자 산파는 쉽게 대체되지 않았다. 이민자 대부분은 의사를 고용할 만한 돈을 마련할 수 없었을뿐더러, 출산 과정을 사적인 문제로 보아 가족 안에서 해결하고자 했다. 20세기에 들어서면서 미국적 방식에 적응하여 의사의 도움을 청하는 이민자들이

---

9   Helen Varney Burst et al., *A History of Midwifery in the United States: The Midwife Said Fear Not* (New York: Springer Publishing Company, 2015), pp. 13-14.

10   Radosh, *op. cit.*, pp. 2-3. 이미 1780년대에 미국의 최고 부유층은 출산 시 의사를 고용하기 시작했다. 물론 '남자' 의사가 출산에 개입하는 것에는 반발이 있어서 난산만 맡는 경우가 많았지만, 곧 일반 출산도 남자 의사가 담당하게 되었다.

11   이 글에서는 산부인과의로 통칭하지만, 산과의(obstetrician)와 부인과의(gynecologist)는 각기 다른 분야를 관장한다. 산과의는 임신 전, 임신, 출산 과정의 전반과 산모의 신체적, 정신적 어려움을 돌보는 역할을 하며 임신 이외의 문제는 거의 다루지 않는다. 부인과의는 분만에 개입하지 않고 대신 자궁, 난소, 나팔관 등 재생산 기관과 관련된 문제를 담당한다. 전문 분야는 구분되어 있지만 통상 두 분야를 다 다루기도 한다.

늘어나기는 했으나, 여전히 많은 수가 출산 보조 경험이 풍부한 여성의 도움을 필요로 했고 산파에게 의지했다.

이민자 사회의 출산 문제는 미국 대중과 전문가의 관심을 끌었다. 이 중 대표적인 인물로 사회 개혁가이자 미국 공중보건계에서 활발하게 활동한 마이클 M. 데이비스를 들 수 있다. 데이비스는 미국 이민자 사회의 특수성을 인지하고 이민자를 위한 보건 대책을 논의했는데, 1921년 출간된 『이민자 건강과 지역사회』에서는 동료들과 함께 의사, 이민자를 인터뷰하여 미국 이민자들이 이용할 수 있는 건강 관련 기관과 방침을 조사했다. 1879년 미국에서 태어나 완전히 동화된 유대인으로 성장한 마이클 데이비스는 컬럼비아 대학교에서 1900년에 화학 학사 학위를, 1906년에는 정치경제학 박사 학위를 받았다. 그는 뉴욕의 로어 이스트사이드(Lower East Side)에 거주하는 동안 여러 사회 문제를 경험했고, 이후에는 보스턴 의무소(Boston Dispensary)에서 10년 이상 근무했다. 1920년대부터는 록펠러 재단의 지원을 받아 의무소와 병원의 돌봄 체계를 개선하는 데 힘썼으며 병원 행정의 선구자로도 명성을 얻었다.[12] 진보적 개혁가이자 미국화의 열렬한 옹호자였던 데이비스는 이민자에 대해 열린 태도를 보였다. 그는 이민자의 문화와 관습을 열등하다고 비난하기보다 이해에 바탕을 두고 이들과 협력해야 한다는 점을 강조했다. 무엇보다 데이비스는 이민자

---

12   George Rosen, "Editorials: Michael M. Davis (November 19, 1879-August 19, 1971): Pioneer in Medical Care," *American Journal of Public Health*, March 1972, pp. 321-323. 미국에서도 데이비스에 대한 연구는 없다시피 하다. 로젠의 글을 제외하면, 앨런 크라우트의 저서가 데이비스의 『이민자 건강과 지역사회』를 비중 있게 언급한 유일한 연구일 것이다. Alan Kraut, *Silent Travelers: Germs, Genes, and the Immigrant Menace* (Baltimore: The Johns Hopkins University Press, 1994).

의 건강 문제에 초점을 맞추면서 이민자들의 전통과 관습을 인정하는 동시에 미국화를 돕는 여러 방법을 제안했다.

『이민자 건강과 지역사회』의 10장은 '산파'(The Midwife)라는 제목인데, 데이비스는 보스턴 의무소의 경험, 의사, 사회 복지사, 이민자들과의 인터뷰를 바탕으로 이민자 사회의 산파업(midwifery)에 대해 논했다. 이때까지 미국에서는 출생·사망에 대한 정확한 통계 기록이 없었지만, 데이비스는 여러 기관에서 발표한 내용을 바탕으로 당시 미국에서 산파가 출생의 30% 이상을 책임졌다고 설명했다. 그는 외국 태생(foreign-born) 여성이 미국 태생(native-born) 여성보다 산파를 더 많이 부른다고 지적했다. "외국 태생의 어머니, 특히 이탈리아와 슬라브 인종[13]은 의사를 부르지 않는다. 외국 태생 어머니가 아니라면 산파 문제는 거의 없을 것"이라는 주장이었다.[14] 일례로 뉴욕시에서는 1891년 출생자 46,854명 중 22,720명(48.5%)이 산파의 도움을 받았으며, 1905년 맨해튼에서도 출생자 42%가 산파의 도움으로 태어났다.[15] 이후에도 비율은 크게 달라지지 않아서 1920년대까지 이러한 추세가 이어졌다. 데이비스에 따르면, 외국 태생은 "그들의 배경과 이 나라에서의 보편적인 상황" 때문에 산파에 의존했다. 이민자 여성—남편 역시도—은 "성 편견"(sex prejudice)을 가진 터라 출산 시 남자 의사를 부르려고 하지 않았다. 빅토리아 시대의 성 관념을 생각하면 당시

---

13 당시의 '인종'(race)은 오늘날 인종 개념과 달라서 민족(ethnicity)에 더 가깝다고 할 수 있다. 그러나 이 글에서는 유럽 출신뿐만 아니라 흑인, 아시아인, 멕시코인 등도 언급하기 때문에 인종이라는 표현을 그대로 사용한다.

14 Davis, *op. cit.*, pp. 198-199.

15 Kraut, *op. cit.*, p. 150. 1900년 인구조사에 따르면 뉴욕주 전체 인구의 26.1%가 외국 태생이었다. 뉴욕시의 외국 태생 비율은 훨씬 더 높았을 것이다.

남자 의사가 출산에 개입할 수 있었다는 것 자체가 놀라운 일일지도 모른다. 그러나 산파와 달리 기구를 사용하여 의학적인 돌봄을 제공하고 고통 없는 분만을 약속한 남자 의사는 곧 출산의 일부가 되었고,[16] 19세기 중반 이후 미국 태생의 백인 중간 계급 여성은 남자 의사의 돌봄에 어느 정도 익숙했던 상태였다. 반면 이민자 사회는 여전히 전통을 따랐으며, 유럽에서 뛰어난 교육을 받은 이민자 산파가 많았기에 주저 없이 산파의 도움을 청하곤 했다.[17]

산파가 아닌 의사를 선택할 때는 의료적 요인이 중요했다. 이민사가이자 의료사가인 앨런 크라우트(Alan Kraut)에 따르면, 첫째, 의사들은 마취제 같은 약물을 사용하여 고통 없는 출산을 약속했다. 둘째, 의료기기 사용(겸자, forceps)과 난산 시 응급 수술도 의사만이 할 수 있었다.[18] 셋째, 산욕열이라고도 알려진 산후패혈증이 발생했을 때는 병원에 가야 더 나은 치료와 간호를 받을 수 있었다. 반면에 산파는 분만 기술이 아무리 뛰어나도 출산 시 마취제와 진통제를 처방할 수 없었다. 이들에게 주어진 것은 신생아의 눈에 넣어 실명을 막기 위한 질산은 용액뿐이었다.[19] 분만의 고통을 줄이고자 하는 노력은 출산의 의료화에도 기여했다. 1914~1915

---

16 Radosh, *op. cit.*, p. 3.

17 Davis, *op. cit.*, pp. 199-200. 20세기 초에 활동했던 산파가 모두 이민자였다고 할 수는 없지만 절대다수가 외국 태생이었음은 확실하다.

18 1920년대가 되면 산파는 산모의 몸 안쪽에 손을 넣어 내진하는 것도 금지당했다. 산파의 손이 위생적이지 않다는 이유가 컸다. Molly Ladd-Taylor, "'Grannies' and 'Spinsters' : Midwife Education under the Sheppard-Towner Act," *Journal of Social History* 22-2, 1988, pp. 255-275.

19 Kraut, *op. cit.*, p. 151. 이전 산파들은 신생아의 눈에 모유를 발라 감염을 막고자 했는데, 실제 효과가 있었던 모양이다.

년경 중간 계급 이상의 미국 여성들은 고통 없는 분만을 위해 '트와일라 잇 슬립'(twilight sleep) 운동에 동참했다. 트와일라잇 슬립은 산부에게 스코폴라민과 모르핀 혼합제를 투여하여 분만의 고통을 없애고자 한 방법이었다.[20] 곧 출산 시 테테르(Teter) 가스를 흡입하게 하는 '선라이즈 슬럼버'(sunrise slumber)도 등장했다.[21] 이러한 '고통 없는' 출산 방법은 분만을 앞둔 여성이 병원에 입원해야만 약 투여와 모니터링이 가능했다는 단점이 있었다. 즉 경제적 여력이 있는 사람들이 대상으로, 당시 널리 퍼져 있던 "육체노동에 익숙한 사람들은 고통을 감당할 수 있다"는 믿음 역시 중

---

20 "Review by Molly Ladd-Taylor," *The Journal of Interdisciplinary History* 19-2, 1988, p. 354. 다음도 참조. Ladd-Taylor 1988, *op. cit.*; Judith Walzer Leavitt, "Birthing and Anesthesia: The Debate over Twilight Sleep," *Signs* 6-1, 1980, pp. 147-164. 트와일라잇 슬립은 독일 산부인과의인 크로닉(Kronig)과 가우스(Gauss)가 개발했다. 트와일라잇 슬립 때문에 파란 아기(blue babies)가 태어난다는 비판이 있었는데, 모르핀 주사가 호흡을 억제하는 바람에 신생아가 숨을 제대로 쉬지 못해 일어난 현상이었다. 파란 아기는 사망 위험도 컸다. 어머니 역시 고통을 겪었다. 주사를 맞은 후 괴성을 지르고 몸을 이리저리 흔드는 바람에 크게 다치는 경우도 드물지 않았던 것이다. 1980년이 되면 경막외마취가 트와일라잇 슬립을 대체했다.

21 오하이오주 클리블랜드의 찰스 K. 테테르 박사가 1910년 자신의 이름을 딴 '테테르 가스'를 발명했다. 웃음 가스와 산소의 혼합물을 사용한 것으로 트와일라잇 슬립보다 훨씬 덜 알려졌지만(당시 신문에서는 트와일라잇 슬립이 선라이즈 슬럼버보다 200배 정도 더 자주 언급되었다), 1910년대 후반 일부에서 주목받은 방법이었다. 다음을 참조. "Rival to 'Twilight Sleep': In "Sunrise Slumber" Patient Is Conscious, but Feels No Pain," *Special to The New York Times*, March 7, 1915; Dean Halliday, ""Sunrise Slumber" Eclipses Twilighting," *The Sacramento Star*, January 10, 1916; "'Sunrise Slumber' Is Praised by Science," *Oakland Tribune*, January 30, 1916; "Sunrise Slumber Is Available to Poor," *The Oregon Daily Journal*, March 9, 1916. 마지막 기사는 환자가 스스로 얼굴에 유리로 된 후드(테테르 가스를 흡입할 수 있도록)를 씌울 수 있다고 주장하며, "약이 효력을 발휘하기 시작하면 바로 손에서 후드가 떨어지"기 때문에 가난한 이들도 비싼 병원비를 내지 않고 고통없이 분만할 수 있다고 설명했다. 그러나 안전을 위해서는 선라이즈 슬럼버 역시 병원 방문이 필요했다.

간 계급 여성과 노동자 계급 여성 사이의 격차를 벌리는 데 중요한 역할을 했다.[22] 돈도 연줄도 없었던 산파와 이들의 보살핌을 받았던 이민자 여성은 트와일라잇 슬립도, 선라이즈 슬럼버도 선택할 수 없었다.

이 같은 상황을 고려하여 데이비스는 이민자들이 '경제적'인 이유로 의사보다 산파를 택했다고 단언했다.[23] 남자 의사, 병원 출산에 대한 이민자의 저항은 교육을 통해 줄일 수 있지만, 경제적인 우려는 가르친다고 해서 없어지지 않았다.[24] 데이비스는 '경제적' 이유 안에 비용 문제만이 아니라 산파가 제공한 여러 이점도 포함했다. 주마다 차이가 있었으나, 1910년대 중반을 예로 들면 산파는 보통 출산당 5달러에서 20달러 사이를 받았다. 곡물이나 가축을 받는 조건으로 이보다 훨씬 적은 금액을 청구하기도 했다. 게다가 출산 후 며칠 동안 집을 오가며 어머니와 아이를 돌보아 주는 산파도 많았다. 반면 의사는 분만 시 잠깐 얼굴을 비추는 대가로 통상 더 큰 금액—35달러까지도—을 청구했다.[25] 데이비스는 "많은 산파가 실제 출산을 도울 뿐 아니라 가사 노동도 제공하기 때문에 아이를 낳은 어머니가 매우 힘든 기간을 넘기는데 큰 도움이 된다."고 설명했다.[26] 데이비스는 이민자 산파 중 능력이 뛰어난 이들은 고국에서 정식 훈련을 받은 전문가라고 강조했다. 실제 20세기 초 미국에 입국한 유럽 이민자 중

22 Suzanne M. Sinke, *Dutch Immigrant Women in the United States, 1880-1920* (Urbana: University of Illinois Press, 2002), p. 151.

23 Davis, *op. cit.*, p. 200.

24 *Ibid.*, p. 219.

25 Ladd-Taylor 1988, *op. cit.*, pp. 262-263.

26 Davis, *op. cit.*, p. 200. 20세기 들어서는 산파들도 출산과 관련된 일만 할 뿐, 집안일에는 손을 대지 않는 경우가 많았다.

에는 산파업을 수행하기 위해 정식 훈련 및 교육 과정을 거친 이들이 많았다. 산파업을 교육할 기관이 드물었던 미국과 달리 유럽의 여러 나라에는 저명한 산파 양성 학교가 꽤 있어서 전문 교육을 받은 이들이 미국에 이주한 후에도 산파 일을 이어 나갔던 것이다. 아시아에서도 산파를 위한 훈련 프로그램이 도입되었다. 예를 들어, 일본인 산파인 산바(sanba)는 미국으로 이주하기 전에 이미 정식 훈련을 받고 독립적으로 직업 활동을 한 전문가였다.[27] 미국에 도착해서도 이들은 전문가 대접을 받았다. 단적인 예를 살펴보자. 1920년 로스앤젤레스에는 일본 여성이 6,000명 가량 거주했는데 이 중에 선교사 3명, 교사 9명, 영화배우 2명, 학생 14명, 산파 23명, 간호사 9명이 기록되었다.[28] 수는 적었지만 산파가 학생, 간호사 같은 '전문가'와 어깨를 나란히 할 정도로 인정받았다는 사실은 당시 미국의 일본인 이민자 사회에서 산파의 위치를 잘 보여준다.

혁신주의 시대의 공공 정책은 이민자 사회에도 관심을 쏟았다. 20세기 초 미국에서 인도주의적 이해가 높아짐에 따라, 출생 신고를 강제한 정부의 정책은 영아 및 모성 사망률에 대한 치열한 논쟁으로 이어졌다. 높은 사망률과 더불어 1차 세계대전의 충격 역시 미국 정부가 건강한 시민을 육성하기 위한 공공 정책 의제를 도입하는 계기가 되었다.[29] 당시 출

---

27 미국은 1910년대와 1920년대에 주 단위로 산파 관련 규정을 도입했지만, 일본을 비롯해 유럽의 여러 국가에서는 훨씬 전부터 국가 차원에서 산파의 교육 및 면허를 관리하는 법률이나 정책을 실시했다. 데이비스는 미국에 입국하기 전 산파 기술을 배우고 적절한 교육을 받았다고 보아 유럽 이민자 산파의 능력을 인정했다.

28 "How the Jap "Picture Brides" Are Japanizing California," *The Philadelphia Inquirer*, January 4, 1920.

29 Smith, *op. cit.*, pp. 42-43. 1차 세계대전에 동원된 이들 중 군인이 되기에 적절하지 않

산 기술의 발전은 주로 중간 계급과 부유층 백인 여성들이 주도했으며, 미국 아동사무국(1912년)의 활동과 셰퍼드-타우너 모성 및 영아 보호법 (Sheppard-Towner Maternity and Infancy Protection Act, 1921년)의 통과를 이끌었다.[30] 이들의 의제에는 산파를 교육하고 훈련하여 그 지위를 유지할 수 있도록 하는 방안도 포함되었다. 그러나 혁신주의의 이상을 실현하기에는 현실의 벽이 높았다. 역사가 수전 L. 스미스(Susan L. Smith)에 따르면, "미국 산파의 역사는 영국, 독일, 네덜란드 및 일본을 포함한 대부분 선진국의 산파 역사와 다른 패턴을 보였다."[31] 유럽이나 일본과 달리, 미국은 20세기 초에야 산파에 대한 규정과 법률을 도입하기 시작했는데, 데이비스는 그전까지 "미국에서 산파는 계급이 없는 사람으로 여겨졌다. 일반적으로 우리는 산파의 훈련, 면허 또는 규정에 관한 법률을 제공하지 않았다."고 설명했다.[32] 미국의 보건 정책은 연방정부 관할이 아니라 주와 카운티 단위로 분산되어 지역별로 차이가 두드러졌다. 산파업에서도 산파를 통제할 만한 전국적이고 보편적인 법률이 자리를 잡기 어려운 상황이었다. 데이비스는 미국 여러 주의 관행을 살펴보면서 지역별로 산파의 규제에 얼마나 차이가 있는지를 짚었다. 『이민자 건강과 지역사회』가 출판

다며 탈락하는 비율이 높아지자 공중보건 당국은 임신부와 아이에 관심을 더 기울이기 시작했다.

30   Christa Craven and Mara Glatzel, "Downplaying Difference: Historical Accounts of African American Midwives and Contemporary Struggles for Midwifery," *Feminist Studies* 36-2, 2010, pp. 330-358; 박진빈, 「20세기초 미국 모성주의적 복지정책의 발전」, 『역사학보』 180, 2003, 223-245쪽.

31   Smith, *op. cit.*, p. 42.

32   Davis, *op. cit.*, p. 205.

될 무렵 미국에는 총 마흔여덟 개 주가 있었는데, 산파업이라는 관점에서 보면 산파를 금지하는 주(2), 산파를 규제하는 법률이 없는 주(13), 산파를 허용하지만 훈련이나 일을 규제하는 법률이 없는 주(12), 산파를 규제하는 법률이 있는 주(21개 주 및 워싱턴 DC; 이중 산파가 주 면허 시험에 합격할 것을 요구하는 주는 13개 주 및 워싱턴 DC)로 분류되었다.

〈표 1〉 미국의 주(州)별 산파 규제

	산파를 법으로 금지하는 주	산파를 규제하는 법률이 없는 주a)	산파를 법으로 허용하지만 훈련이나 일을 규제하는 법률이 없는 주	산파를 규제하는 법률이 있는 주	
					주 면허 시험
해당 주 수	2	13	12	8	13 워싱턴 DC
	매사추세츠, 네브래스카	애리조나, 아칸소, 플로리다, 조지아, 아이다호, 켄터키, 메인, 미시시피, 뉴멕시코, 사우스캐롤라이나, 테네시, 버몬트, 웨스트버지니아	앨라배마, 캘리포니아, 델라웨어, 미시간, 뉴햄프셔, 노스다코타, 오클라호마, 오리건, 로드아일랜드, 사우스다코타, 텍사스, 버지니아	콜로라도, 아이오와, 캔자스, 몬태나, 네바다, 노스캐롤라이나, 펜실베이니아, 워싱턴	코네티컷, 일리노이, 인디애나, 루이지애나, 메릴랜드, 미네소타, 미주리, 뉴저지, 뉴욕, 오하이오, 유타, 위스콘신, 와이오밍, 워싱턴 DC

a) 산파 관련법이 전혀 없는 주를 가리킨다.
출처: 데이비스, 『이민자 건강과 지역사회』, 205-206쪽을 바탕으로 표 작성.[33]

〈표 1〉은 당시 미국에 산파와 관련한 보편적인 체계가 없었으며, 주마다 다양한 규칙과 규정을 채택했음을 보여준다. 예를 들어, 20세기 초에 일찌감치 면허 제도를 도입했던 뉴욕주나 오하이오주에서는 면허 없이

---

33 표에서 잘 드러나듯이 당시 미국의 산파 규제는 주별로 큰 차이를 보였다. 산파의 훈련과 교육에서도 별도 프로그램을 제공하는 주, 관련 프로그램이 전혀 없지만 면허 취득을 강제하는 주 등 차이가 있었다. Smith, *op. cit.*, p. 44.

산파업을 행한 이들이 체포되는 사례도 있었다. 사망자가 없고 임신 중단과 연루된 게 아니라면 법을 잘 몰랐다고 변명하여 풀려났지만, 산파를 체계적으로 교육하고 훈련할 방안이 마련되기도 전에 무턱대고 이러한 제재를 도입할 경우, 그동안 일을 잘해 왔고 능력 있는 산파들이 음지로 숨어들 가능성이 컸다. 따라서 데이비스는 "법으로 산파를 금지하려고 한다면 능력이 뛰어난 이들[산파]이 주를 떠나게 될 것"이라며 부정적인 태도를 보였다.[34] 그는 산파를 완전히 금지하는 대신 적절한 감독 방안을 도입하여 산파가 일을 성공적으로 수행하는 한편 어머니와 아기도 더 잘 돌볼 수 있게 해야 한다고 믿었다.

미국의 영아 사망, 산후 산모 사망이 산파의 태업 때문이며, 산파들은 전문성이 부족하여 어머니와 아기를 돌볼 때 실질적인 도움을 주지 못한다는 비판도 있었다. 그러나 데이비스는 미국의학협회 회장이었던 에이브러햄 재코비(Abraham Jacobi)의 발언 등 여러 자료를 내세우며 그렇지 않다고 반박했다. 다는 아니라도 산파가 간호사나 의사보다 난산을 다루는 데 더 뛰어난 능력을 보인 경우가 분명히 있다는 것이다.[35] 물론 데이비스가 낙관적인 태도를 고수한 것은 아니었다. 그는 산파라고 모두 자격을 갖춘 것은 아니며, 훈련된 산파를 "자신의 아이와 이웃의 자녀를 받은 경험 말고는 훈련되지 않은" "그때그때 일하는(casual)" 산파와 구별해야 한다고 강조했다.[36] 데이비스는 이렇게 중요한 일을 맡은 산파의 수준을 높

---

34 Davis, *op. cit.*, p. 210.
35 데이비스는 해당 챕터에서 산파의 공헌을 호의적으로 평가한 의사, 사회 복지사의 글을 여러 편 인용했다.
36 Davis, *op. cit.*, pp. 203-204. 데이비스는 "산파 중에는 어떤 기준으로 봐도 자격 미달

이러면 엄격한 감독이 필요하다고 다시금 목소리를 높였다.

데이비스 같은 사회 개혁가는 물론 저명한 의사들 역시 감독의 중요성을 적극 지지했다. 그러나 이들은 데이비스와 달리 산파의 무능과 위험을 전제했다. 가장 대표적인 산파 반대자로는 허먼 M. 빅스(Herman M. Biggs), 조지프 드리(Joseph DeLee) 박사를 들 수 있는데, 1914년 빅스는 뉴욕의 산파 관련 정책을 다음과 같이 설명했다;

> 아이들의 경우 우리는 산파에게 관심을 집중하고 있다. 대도시 외국인 중 9/10가 새로운 가족이 태어날 때 산파의 도움만을 받는다. 이들 산파 대다수는 **무지하고 무능하며 더럽다**. 최근까지 [뉴욕] 보건법은 이러한 여성들이 분만에 여섯 차례 참석한 다음 가정에서 활동할 수 있도록 했다. 새로운 보건법에 따라 이들은 도덕적으로 뛰어난 성품을 지닌 여성이어야 할 뿐 아니라 스무 차례 분만에 참가해야 하며, 더 중요한 것은 등록을 해야 한다. 산파는 더 이상 그가 종사하는 가정의 군주가 아니다. 그는 뉴욕 보건 시스템의 새로운 조직에 속한 방문간호사의 감독을 받는다. 이 방문간호사들은 어머니를 지도하여 출산 후 아이를 돌보는 것은 물론 산전에 자신의 건강을 돌볼 수 있도록 한다.[37]

빅스는 산파업을 "무지하고, 무능하고, 더러운" (외국 태생) 여성들이 이

인 이들이 있다."며 우려를 표하기도 했다. *Ibid.*, p. 216.

37 "To Save 25,000 Babies a Year in New York Alone," *The Times Dispatch*, November 1, 1914. 저자 강조.

끈다고 낙인찍었고, 출산 과정을 담당하는 (미국 태생) 방문간호사의 감독이 필요하다고 보았다. 출산은 더 이상 자연스러운 과정이 아니라 의료 전문가가 치료해야 하는 질병이었다.[38] 그러나 그는 출산에 의료적으로 개입함으로써 야기된 더 심각하고 치명적인 부상, 즉 회음부 절개, 산욕열, 신생아의 두개골 손상 등은 전혀 언급하지 않았다.[39]

빅스가 주목한 뉴욕은 산파가 면허 시험을 치러야 하는 몇 안 되는 주였다.[40] 면허가 있는 산파도 일반적으로 훨씬 젊고 경험이 적은 방문간호사의 감독을 받았다.[41] 무엇보다 이민자 산파가 능력을 인정받기란 쉽지 않았다. 미국 사회에 이민자 산파에 대한 편견이 팽배했기 때문이다. 20세기 초 남유럽·동유럽 출신 이민자가 늘어나자, 정식 훈련을 받지 못한 데다 문맹이기까지 한 산파가 유입되었다며, 뉴욕시 보건 당국에 이들에

---

38 20세기 초가 되면 "출산을 치료가 필요한 질병으로 보는 의학적 정의가 출산을 자연적인 과정으로 보는 전통적인 믿음을 대체했다." Janet Bogdan, "Care or Cure? Childbirth Practices in Nineteenth-Century America," *Feminist Studies* 4, 1978, p. 98.

39 Tanya Hart, *Health in the City: Race, Poverty, and the Negotiation of Women's Health in New York City, 1915-1930* (New York: NYU Press, 2015), p. 204.

40 *Ibid.*, pp. 204-205. 1907년 이전에는 산파가 의사 추천서 2장과 "도덕적으로 뛰어난 성품(good moral character)"을 지녔다는 증명서를 제출하는 한, 뉴욕시에서 합법적으로 산파업을 행할 수 있었다. 그러나 1907년 뉴욕시는 산파가 기록등록사무소(Office of the Registrar of Records)에 등록하도록 했고, 1909년부터 아동 위생국이 산파의 면허를 감독했다. 물론 추천서 및 도덕성 증빙 서류도 제출해야 했다. 1913년이 되면 뉴욕시의 산파는 모두 의무적으로 면허를 취득하고 훈련을 받아야 했다.

41 1919년 당시 공립 산파학교로는 벨뷰병원 산파학교(Bellevue Hospital School of Midwifery)가 유일했다. 등록금도 받지 않고 8개월간 교육을 했지만(자격증을 받으려면 총 100건의 출산에 참여해야 하며 20건을 직접 담당해야 했다) 정식 간호사 중에는 이 교육 프로그램에 참가한 사람이 없었다. 1918~1919년 동안 배출된 졸업생도 28명에 불과하여 효용에 의문이 남았다. Davis, *op. cit.*, p. 204.

대한 규제를 강화하라는 경고가 내려졌다. 독일이나 북유럽 출신의 산파와 비교하면 이들의 능력이 현저히 떨어진다는 것으로, 당시의 인종적 편견이 적나라하게 반영되었다.[42] 이탈리아 산파는 영아의 실명을 막을 조치를 취하지 않았다고, 고국에서 교육을 받았다고 주장하는 폴란드 출신 산파는 매일 아침 아기의 눈을 모유로 씻고 스위트 버터(무염 버터)를 묻힌 모슬린 천으로 감쌌다고 조롱받았다.[43] 아시아 출신 산파들에 대한 태도는 아시아 여러 지역에 주둔하고 있던 선교사들의 시선에 좌우되었다. 일례로 중국에서 일하던 한 선교사는 "더럽고 무지한 중국인 산파가 안 그래도 나쁜 상황을 더 악화시킬 때까지" 친지가 "외국 훈련을 받은 의사"를 부르지 않았기 때문에 젊은 산모들이 고통을 겪었다고 설명했다.[44] 지역이 어디이든 1930년대까지도 무지하고 무능력한 중국인 산파의 수사(trope)가 좀처럼 사라지지 않았다.[45] 멕시코 산파에 대한 비난 또한 거셌는데, 이들은 신생아에게 실명 같은 치명적인 해를 입혔다며 공격받았다. 해당 주장을 뒷받침할 정확한 통계나 기록이 없었는데도 불구하고 비난은 계속되었다. 출산에 대한 비과학적인 접근 방식도 미국 대중의 관심을 끌었다. 1925년 텍사스의 《엘 파소 타임스(El Paso Times)》는 분만 중인

---

42   Hart, *op. cit.*, p. 205.
43   "No Real Protection Against Spread of Tuberculosis," *The Wilmington Morning News*, July 11, 1919.
44   "Saturday's Sermonette," *Honolulu Star-Bulletin*, September 23, 1916.
45   슈테판 츠바이크의 노벨라 『아목(Amok)』(1922, 미국에는 1930년대에 소개)에도 무지한 중국인 산파로 인해 목숨을 잃는 인물이 등장한다. 다만 미국에서는 중국인 이민자 사회의 남녀 성비가 워낙 불균형했기 때문에 중국계 미국인 산파의 수가 극히 적었고, 따라서 이들에 대한 언급도 거의 없었다.

여성이 '문제를 잊도록' 돕기 위해 멕시코 산파가 성인(saint)의 그림 앞에서 춤을 추었고 임신부들에게는 밧줄을 타고 오르내리게 했다고 보도했다. 기사는 텍사스 주에 "면허 없이 산파업을 하는 것을 막는" 법률이 없다고 개탄했다. 실제로 텍사스 주에서는 산파업이 불법은 아니었지만 산파를 훈련하고 교육할 정책이 없었다. 기사는 멕시코계 산파의 일을 정당한 '직업'(profession)이라고 보지 않았으며, 면허 시험을 치른다고 해도 기대한 만큼의 결과는 얻지 못할 것이라고 설명했다.[46] 이민자 산파에 대한 정형화된 시선은 이후에도 계속되었다.

3. 필요악으로서의 산파

1) 소수인종 산파의 역할

20세기 전환기에 산/부인과가 부상했고 산파에 대한 비판이 끊이지 않았는데도 미국에서 산파업은 쉽사리 사라지지 않았다. 당시 미국 사회의 산파업을 이해하기 위해서는 많은 산파가 '이민자'였다는 점을 고려할 필요가 있다. 일단 어떤 직업군이 이민자들에게 속한 것으로 낙인찍히면 더 이상 주류 사회에 적합한 일자리가 되지 못했다. 더욱이 이 일이 여성과

---

46 "Dancing Before Saint's Picture and Making Patient Climb Rope, Part of Mexican Midwives' 'Art'," *El Paso Times*, August 30, 1925.

동일시될 경우 전문화는 요원하기 마련이었다.[47] 산파는 바로 이러한 예 중 하나였다. 산파업과 이민자의 연계는 산파의 인종화[48]에 의해 가속화 되었다. 수전 L. 스미스는 "20세기 전반기에 미국의 산파는 사라진 것이 아니라 인종화되었다. 미국 태생의 백인 여성들이 산파업을 수행하거나 선택하기를 점점 더 외면함에 따라 산파의 인종 구성이 변화했고 비판에 취약해졌다."고 주장한다.[49] 산파로 일했던 백인 여성들이 다른 직업을 찾아 떠나면서 그 자리를 유럽, 아시아, 라틴 아메리카 출신의 이민자가 도맡게 되었다는 것이다. 역사가 보스트(Borst) 역시 "20세기 초반의 산파들은 이민자 또는 흑인 노동 계급에 속했다."고 설명한다.[50]

여기서 주목할 산파 집단은 미국 남부의 흑인 여성이다. 『이민자 건강과 지역사회』가 미국의 이민자에 집중했던 만큼, 마이클 데이비스는 미 전역의 산파를 논할 때도 남부의 '흑인 산파'는 제외했다. 남부는 전통적으로 이민자 수가 적었던 데다, 데이비스 자신이 북동부의 상황에 더 익숙했다는 점도 고려해야 할 것이다. 그럼에도 불구하고 이민자 산파를 연구하기 위해서는 미국 태생이지만 인종이 다르다는 이유로 산파업을 행하는 데 차별받았던 흑인 산파의 경험을 염두에 두어야 한다. 두 집단 다 개별 공동체뿐만 아니라 의료 혜택에서 제외된 가난한 백인·이민자 여

---

47   Kitty Calavita, "Gender, Migration, and Law: Crossing Borders and Bridging Disciplines," *International Migration Review* 40-1, 2006, pp. 104-132.
48   여기서의 '인종'은 비단 흑백의 차이만이 아니라 백인 집단 내부의 다양한 '민족'(ethnicity)도 동치된다. 20세기 초에는 국적(nationality)도 인종(race)과 같은 뜻으로 사용되곤 했다.
49   Smith, *op. cit.*, p. 42.
50   Borst 1989, *op. cit.*, p. 26.

성의 출산을 돕는 데 큰 몫을 했다. 기존에 어느 정도 훈련을 받았던 유럽 출신 이민자 산파들과 달리, 남부의 '할머니들'(grannies)은 정식 교육과 훈련을 받지 못했고 정부의 통제에 더 취약했다. 이들은 "부두교의 말도 안 되는 의식"에 버금가는 미신적 행위로도 비판 받았는데, 출산한 여성의 손에 얼음이나 뜨거운 감자를 쥐여 주면 출혈을 막을 수 있다고 믿었고, 웬만해서는 살균제를 사용하지 않는 데다, 출산 후 적어도 사흘 동안 침대보를 갈지 않는 구닥다리 관습을 고수했다고 알려졌다.[51] 흑인 산파는 조산 중 어머니나 아이가 사망하면 더 심한 비난을 받았으며, 이들이 존재한다는 사실만으로도 의료 전문가는 물론 대중 역시 미국 전역의 산파를 감독해야 한다고 목소리를 높였다. 1900년대 미국 통계법에 따라 카운티 기록원(registrar)에 출생·사망의 신고가 의무화되면서, 20세기 초 신문기사에는 산파와 의사가 신고를 게을리한다는 비난이 종종 등장했다.[52]

---

51   Litoff, *op. cit.*, pp. 239-240; "State Health Board Shows a Grave Evil," *The Tampa Tribune*, December 17, 1913. 기사는 임신부와 신생아에 위해를 가하는 무지한 산파가 흑인 여성이라고 단정하며 이들이 백인, 흑인 둘 다의 출산에 개입하고 있다고 우려했다. 무지한데다 자연법에 직접적으로 간섭하고, 소홀함과 미신적인 어리석음으로 "위협"을 가한다는 것이었다. 기사는 menace와 evil이라는 단어로 흑인 산파를 설명했다. 다음의 기사는 흑인 산파가 어머니와 아기를 출산 후 9일 간 씻기지 않았다고 하면서, 이것이 어머니와 아이 모두 출산 후에는 깨끗하지 않으며 이 기간에는 그대로 있어야 한다는 아프리카의 풍속에서 유래했다고 설명한다. "No Real Protection Against Spread of Tuberculosis," *The Wilmington Morning News*, July 11, 1919.

52   "Japanese Hurry to Record Births," *Geyserville Gazette,* December 3, 1915. 이민자들은 아이를 낳으면 시민권을 얻기 위해서라도 신고를 잘했는데(기사는 일본인 이민자를 주로 다뤘지만, 이 밖에 '외국 태생 부모'(foreign-born parents) 전반이 아이의 출생 신고를 제때 했다고도 썼다), 미국 태생 백인들에게 태어난 아이 10% 정도가 산파, 그리고 무엇보다 의사의 무관심과 부주의로 출생이 신고되지 않았다. 속지주의를 따르는 미국에서 출생 신고는 곧 시민권 획득과 마찬가지였으므로 이민자 부모들이 이를

흑인 산파도 예외는 아니었다. 대부분 글을 읽을 줄 모르기도 했지만, 출생 신고를 꺼렸던 것은 이들이 무능하고 제멋대로여서라기보다 출생을 등록하게 되면 "당국이 이들의 일에 관심을 가질 위험이 있었기 때문"이었다.[53] 남부 주 대부분에는 산파 규제 법령이 없었으나, 흑인 산파들은 여전히 법과 얽히는 위험을 떠안지 않으려고 했다.

데이비스가 이민자 산파의 필요에 대해 잘 설명했듯이, 지역적 차이와 공공연한 비난에도 불구하고 산파는 필수불가결한 존재였다. 19세기 미국 남부의 농장은 산파 지식을 신세계로 가져온 경험 많은 노예 여성들에게 출산과 보살핌을 맡겼다. 이들은 약초 사용에 능숙했으며, 출산이 삶의 일부였기에 어떤 상황에든 대처할 수 있었다. 남부에서 산파업은 신체의 자율성을 보장받지 못했던 흑인 여성들에게 주어진 몇 안 되는 중요한 기술이었다. 이들은 아이를 받는 일을 통해 경제적인 보상을 받을 뿐 아니라 사회적 지위를 높이고 심지어는 자유까지도 살 수 있었다. 남부 농장 여성들은 이미 19세기 중반부터 출산 시 의사의 도움을 받았지만, 의사가 항상 대기하고 있던 것도 아니고 분만 시기를 정확하게 예측하기도 어려웠으므로 흑인 산파가 중요한 역할을 했다.[54] 서부에서도 소수인종

게을리하지 않았음은 당연했다. 20세기 초에는 일반의(general physician)도 출생 신고를 잘 안 한다며 산파 못지않게 비난을 받았는데, 여기에는 산/부인과 의사와의 갈등이 반영되었다.

53 Ladd-Taylor 1988, *op. cit.*, p. 269.
54 Tanfer Emin Tunc, "The Mistress, the Midwife, and the Medical Doctor: Pregnancy and Childbirth on the Plantations of the Antebellum American South, 1800-1860," *Women's History Review* 19-3, 2010, pp. 395-419; Sheena M. Morrison and Elizabeth Fee, "Nothing to Work With but Cleanliness: The Training of African American Traditional Midwives in the South," *American Journal of Public Health* 100-2, 2010.

산파가 여러 역할을 맡았다. 수전 스미스는 일본에서 교육과 훈련을 받고 새로운 세계에서 일을 계속한 미국의 일본 이민자 산파 연구를 통해 "출산은 여성들이 인종적, 민족적 경계를 넘어 서로와 소통한 하나의 방법"이었다고 설명한다. 일본계 미국인 산파의 경우, 주로 이민자 공동체에서 일했으나 인종적 차이를 극복하고 각기 다른 배경을 가진 여성들의 출산을 돕기도 했다.[55]

그러나 출산 관행의 점진적인 변화와 의료화의 심화는 출산 당사자와 산파의 역할을 감추었다. 의료 전문가가 출산에 개입하면서 산파는 기구 사용과 내진을 금지당하는 등 주변부로 밀려났다. 여성들도 집에서 병원으로 출산의 장소가 전환되는 과정에 동조했다. 이민자 사회에서는 미국화의 진행에 따라 소위 동화된 여성들이 병원으로 눈을 돌렸다.[56] 산파가 참석한 출산 횟수는 수년에 걸쳐 감소하고 있던 참이었다. 역사가 주디스 월처 레빗(Judith Walzer Leavitt)은 이러한 변화의 한가운데서 여성들이 결국 신체에 대한 통제권을 잃었다고 주장한다. 이는 의학 지식이 일반인의 이해를 벗어난 신비로운 것이라는 믿음, 그리고 여성들 사이에 쌓아 온 네트워크의 쇠퇴로 가속화되었다. 여성들은 병원 출산이 모성 사망률을 낮출 것이라고 믿었지만, 꼭 그렇지만도 않았다. 오히려 이들은 안전을 보장받지 못한 채로 의사와 '낯선 사람들'이 통제하는 환경에 들어섰다. 여러 제약에도 불구하고 여성들은 계속해서 과학과, 그리고 의사와 협상을 이어 나갔으나, 출산을 통제할 능력은 빈곤, 사회 네트워크로

---

55 Smith, *op. cit.*, p. 84.
56 유대인 이민자 사회에서 이러한 변화가 두드러졌다. Davis, *op. cit.*, p. 219.

부터의 고립, 출산 과정에 남자 의사를 원치 않았던 남편의 저항에 의해서도 제한되었다.[57] 의사가 항상 도움이 되었던 것은 아니라 해도, 노동자 계급과 이민자 여성들은 선택지가 적었기에 출산 시 어려움이 더 클 수밖에 없었다. 물론 이들이 출산 문제에 있어 무력한 방관자였던 것만은 아니었다. 그동안 이민사 연구는 이민자들이 미국의 의료 전문가와 병원에 대해 뿌리 깊은 의심을 품고 있었다는 점을 잘 보여주었다. 입원이 죽음과 동일시되면서 이민자들은 아무런 도움을 받지 못해도 집에 머물기를 원했다.[58] 병원 출산을 거부한 데는 다른 이유도 있었는데, 그중 하나는 갓 태어난 아이와 어머니를 방문하여 출산을 축하하는 관습을 병원에서는 지키기 어려웠기 때문이었다.[59] 많은 이민자 여성이 산파에게 전적인 신뢰를 보이기도 했다. 따라서 뉴욕시의 이탈리아 이민자 여성은 "이탈리아 출신이 아닌 의사로 산파를 대체하기"를 거부했다.[60] 산파에 대한 통제는 20세기 전반기를 지나며 가속화되었으나, 여전히 산파의 도움이 필요한 여성이 많았던 이민자 사회와 비도시 지역에서는 산파가 어느 정도 자율성을 갖고 일할 수 있었다. 이러한 상황에서 산파는 밀어내려야 밀어낼 수 없는, 그야말로 '필요악'이었다.

---

57   Leavitt 1986, *op. cit.*

58   Kraut, *op. cit.* 이때의 병원은 빈민들이 최후의 수단으로 찾는 장소였다.

59   Davis, *op. cit.*, pp. 193-194. 데이비스는 생후 1주일이 되면 할례를 행하는 유대인의 관습, 출산 당일 친지와 친구들이 찾아와 갓 태어난 아이에게 행운과 행복한 삶을 빌어주는 이탈리아인의 관습 등을 예로 들면서 출입과 반입 품목이 제한되는 병원에서는 이러한 관습을 지키기 어려웠고, 따라서 이민자 여성이 병원 출산을 거부했다고 설명했다.

60   Hart, *op. cit.*, p. 2.

2) '대체품'의 부족과 '필요악'

산파의 '경제성'에 초점을 맞추기는 했으나, 데이비스는 이민자 사회에서 산파가 수행하는 다양한 역할을 잘 이해하고 있었다. "산파는 이민자 어머니를 보살피는 문제에서 가장 중요한 요소이므로 산파의 능력과 일의 수준이 대단히 중요"했다.[61] 동시에 그는 이민자 사회의 발전을 위해 "현재 산파가 하는 일"이 개선되어야 한다고 믿었다. 그가 보기에, 훌륭하고 숙련된 (이민자) 산파는 "진정한 감독과 높은 수준의 유지"를 통해 발전해야 하며 "현재 산파업을 행하는 이들 중 최악"은 제거되어야 했다. 데이비스는 "유럽에서 온 사람들 수준의 산파를 새로 모집하려면 직업의 지위가 실질적으로 높아져야 한다."고도 주장했다.[62] 그러나 그에게는 산파업 자체를 전문화하려는 의도가 없었다. 이민자들이 꺼리는 개업의 말고는 산파의 일을 할 만한 "대체품"—의사, 의대생, 간호사를 포괄하는 조직적 체계—이 아직 부족했기 때문에 완전히 산파를 몰아낼 수도 없었다. 20세기 초 병원 출산을 확대하려는 시도가 있었지만, 의사들도 여전히 산파에게 의지했다. 이민자들은 산모와 같은 언어도 구사하지 못하면서 비용은 더 많이 청구했던 의사들이 별로 도움되지 않는다는 사실을 잘 알고 있었다.

이민자뿐만 아니라 미국 태생 여성들도 산파를 밀어내기가 쉽지 않다는 점을 인정했다. "더럽고, 무지하고, 숙련되지 않은" 산파 때문에 갓 태어난 아이들이 시력을 잃게 되었다며 산파를 신랄하게 비난한 뉴욕 실

---

61   Davis, *op. cit.*, p. 195.
62   *Ibid.*, p. 217.

명 방지위원회의 캐럴린 반 블라컴(Carolyn Van Blarcom)조차 구세계 전통과 경제적 어려움이 계속되는 한 산파는 사라지지 않을 것이라고 단언했다. 따라서 그는 산파의 훈련, 등록, 통제가 중요하다고 강조했고, 뉴욕 벨뷰(Bellevue) 병원과의 연계를 통해 산파 훈련 학교가 세워질 것이라며 다른 지역도 이를 따르라고 권고했다.[63] 뉴욕의 영향력 있는 사회 개혁가들은 "의사, 간호사 및 가정부의 일을 다 효과적으로 수행하는 새로운 유형의 산파"를 교육할 수 있기를 바랐다. 아동위생국(Bureau of Child Hygiene)의 조세핀 베이커도 이민자 사회에서 산파가 필수(necessity)라고 강조했다. 베이커에 따르면, 산파의 "임무는 복잡하고 고단하다. 의사, 심지어는 훈련 받은 간호사도 이 자리를 채울 수 없다는 점은 두말할 나위가 없다." 베이커는 산파에게 간단하게나마 시험을 보게 하고 개중 실력 있는 이들에게 면허를 주어 보건위원회(Board of Health)의 규율을 따르게 한 결과 영아 실명 방지가 대성공을 거두었다며, 반 블라컴과 마찬가지로 병원학교의 역할을 부각했다.[64] 위의 내용을 소개한 1915년《뉴욕 트리뷴》기사의 저자 지넷 영 노튼(Jeannette Young Norton) 역시 의학의 발전에도 불구하고 "아직 산파의 입지는 안전하다."고 결론지었다. 대체하기에는 맡은 역할이 큰 데다 훈련을 통해 산파가 영예로운 소명까지 갖게 되었다는

---

63   Carolyn Van Blarcom, "Many Children Blind Through Carelessness," *The Cairo Bulletin*, June 10, 1912. 반 블라컴과 베이커의 입장이 일치한 것은 아니지만, 둘 다 산파학교를 설립하여 전문 산파를 훈련하고 교육해야 한다는 점에 동의했다.

64   베이커가 인용한 통계에 따르면 뉴욕시에서 1913년에 태어난 14만 명 중 5만 3천 명이 산파에 의해 세상에 나왔으며, 이 중 실명 사례는 단 한 건이었다. 벨뷰 병원 학교에서는 학생이 80건의 분만을 참관하고, 20건을 직접 맡아야 했다.

것이다.[65] 그러나 5년 후, 마이클 데이비스는 『이민자 건강과 지역사회』에서 산파교육 학교의 졸업생 수가 여전히 적고 교육을 받은 이들도 충분한 자격을 갖추지 못했다고 반박했다. 산파학교와 관련 기관이 적절한 훈련을 제공한 것도 아니었다.[66] 미국의 중산 계급 여성 개혁가들 역시 "산파를 전문화하는 것보다 출산을 의료화하는 데 더 관심이 있었"기 때문이었다.[67]

이들이 산파를 '필요악'으로 보아 산파업이 계속되리라고 주장한 것과 달리, 의사들은 1910~20년대의 "산파 문제" 논쟁을 통해 산파를 완전히 몰아내야 한다고 목소리를 높였다. 안 그래도 과열된 의료 전문직이 산파 때문에 제대로 인정받지 못한다며 산파업의 폐지를 주장했던 것이다. 산파를 잘 훈련하고 규제한다면 모성·영아사망률을 낮출 수 있으리라는 반대 의견도 있었지만, 교육이나 감독도 소용이 없으니 산파를 완전히 없애야 한다는 입장 역시 열렬한 지지를 받았다.[68] 한편, 마이클 데이비스는 출산을 둘러싼 체계적인 시스템 구축을 옹호했다는 점에서 여타 의사나 공중보건 관료와 차이를 보였다. 그는 산파가 아직 도움이 된다고 믿었으나, 곧 산파를 넘어서는 새로운 조직이 등장하기를 바랐다. 즉, 개혁가로서 데이비스는 앞서 살펴본 여성들과 이해관계를 같이 했지만 그 이상의 조직을 구상했다는 점에서 달랐다. 산파가 필요악이라는 시각이 가장

65   Jeannette Young Norton, "Because Economic Conditions Demand Her, the Midwife, a Relic of Hygienically Dark Ages, Is Being Developed into a Scientific, Ministering Angel," *New-York Tribune*, February 18, 1915.

66   Davis, *op. cit.*, pp. 204-205.

67   Smith, *op. cit.*, p. 44.

68   Litoff, *op. cit.*, p. 250.

잘 나타나는 부분은 『이민자 건강과 지역사회』의 11장 '적절한 모성 돌봄' (Adequate Maternity Care)이었다. 이민자에게 부담 없고 질 좋은 모성 돌봄을 제공할 방법을 '산파' 바로 뒷장에 따로 실었다는 데서 데이비스의 의도가 드러난다. 데이비스가 주목한 것은 '조직적 모성 돌봄 체제'(organized maternity care system)였다. 그는 당시 미국 전역에 설립되기 시작한 태아 클리닉(prenatal clinic)에 산파를 포섭하여 클리닉의 의사, 간호사와 연계하면 산모를 제대로 돌보는 것은 물론이고 산파를 감독하기도 수월할 것이라고 보았다. 무엇보다 이 과정을 통해 능력 있는 산파는 남고 그렇지 않은 이들은 도태될 것이었다. 그러나 클리닉이 잘 돌아가려면 산파와의 협력이 가장 중요했는데, 실천이 잘 될지는 불분명했다.[69] 데이비스는 산파가 사라질 때를 대비하여 궁극적인 방편도 제시했다. 기존의 태아 클리닉 체제 외에, 의대와 연계한 조직적 모성 서비스(organized maternity service)를 도입하는 것이었다.[70] 병원, 산전 클리닉, 방문간호사, 의대생이 일사분란하게 협력하여 성공적인 출산을 도모하는 이 체제는 이미 대도시에서 실행되고 있었으며, 난산에 대비하기 좋을 뿐 아니라 비용까지 저렴했다. 그러나 당시 미 전역에서 의과대학 수가 줄어드는 바람에[71] 의대생이 부족해졌고, 의대가 대도시에 주로 분포했던 터라 인구가 적은 지역이나 변두리 주민은 혜택을 볼 수 없다는 맹점이 있었다. 따라서 좀 더 실용적인

---

69 Davis, *op. cit.*, pp. 222-223. 태아 클리닉의 또 다른 한계는 분만을 맡지 않는다는 것이었다. 따라서 데이비스는 클리닉만으로는 산파를 대체할 수 없다고 보았다.
70 *Ibid.*, p. 225.
71 1910년 플랙스너(Flexner) 보고서가 발표된 후 의과대학에 제재가 가해지면서 수가 줄었기 때문이다.

계획은 의대생을 간호사로 대체하여 그동안 산파를 고용했던 이들이나 의료 서비스를 받지 못했던 이들에게 돌봄을 제공하는 것이었다. 이 경우 간호사를 충원해야 했는데, 간호 분과 안에서 산과를 더 발전시키고, 방문가사도우미, 통역사 등을 고용하는 방안이 제시되었다. 데이비스는 '산파'라는 용어가 '간호사'라는 용어로 대체되어야 하며, 이때 간호사 앞에는 '모성'(maternity) 또는 '산과'(obstetrical)라는 접두어를 붙이는 게 적절하다고 설명했다.[72] 산파라고 하면 연상되는 불명예를 없애기 위해 이름을 바꾸고, 간호사 중에서 전문가를 양성하여 간호 분야의 발전을 꾀하라는 주장이었다. 이 방법 역시 저렴한 비용으로 이민자들을 끌어들일 수 있을 것이었다. 물론 이처럼 조직적 체제를 도입한들 산파를 완전히 대체하기는 어려웠다. 그러므로 데이비스는 이미 산파가 많이 활동하던 지역의 경우 간호사와 산파가 공조한다면 간호사가 직접 감독에 나서지 않더라도 "더럽고 훈련받지 못한" 산파는 도태될 수밖에 없을 것이라고 보았다. 무엇보다 산파와 간호사의 소통에서 얻은 지식이 이민자 산파의 감독을 더 수월하게 할 것이었다. 한편, 데이비스는 미국인들이 산파의 도움에 의지할 수밖에 없는 이민자의 어려움을 이해하고 동정심을 가져야 한다고도 강조했다.[73]

1920년대에 들어서면서 마침내 산파의 운명이 결정되었다. 1921년에 통과된 셰퍼드-타우너법은 새로이 어머니가 된 여성들을 훈련하고 교육

---

72 Davis, *op. cit.*, p. 236. 이 계획은 애초에 의사인 러쉬모어(Rushmore)와 페인(Paine)이 제안한 것인데, 데이비스는 이민자를 염두에 두고 계획의 이점을 강조했다.

73 *Ibid.*, pp. 243-245.

하는 데 도움을 주었지만 자금 부족으로 오래 유지되지 못했다. 더욱이 가난한 비백인 여성들은 이 법안을 추진하는 데 발언권이 없었고 의료 혜택에서도 소외되었다.[74] 셰퍼드-타우너법은 영아 및 모성 건강관리의 일부로서 산파 규제안을 소개했다. 이제 산파는 주정부 감독하에 면허를 취득해야만 산파업을 수행할 수 있었다. 본래 이 규제안은 산파업을 없애기 위해서가 아니라 산파에게 현대적인 교육과 훈련을 제공하기 위해 고안된 것이었다. 즉 산파업이 '필요악'이라는 태도가 잘 반영되어 있었던 것이다. 그러나 그동안 통제받지 않았던 산파에게 면허 취득과 등록을 요구하자, 나이 든 산파는 교육 미비로 면허를 받을 수가 없었고, 미국 태생의 젊은 여성들은 산파를 직업으로 삼을 동기를 잃게 되었다.[75] 결국 셰퍼드-타우너법을 비롯한 연방 및 지방 법령은 원래 의도와 달리 산파를 몰아내 극히 제한된 지역에서만 산파업을 계속하도록 제재했다. 법의 혜택을 주로 받은 것은 훗날 간호사-산파[76]가 될 백인 여성들이었다. 데이비스의 조

---

74 Craven and Glatzel, *op. cit.*, pp. 336-337. 1921년 셰퍼드-타우너법은 태아 및 어린이 건강 센터를 위해 주정부에 매칭 펀드를 제공하여 모성과 영아 건강관리를 도모했지만, 동시에 기존에 일하던 산파를 몰아냈기 때문에 가난한 비백인 여성을 배제하는 결과를 낳았다. 셰퍼드-타우너법의 통과에는 1920년의 수정조항 제19조로 여성이 참정권을 갖게 되자 해당 법안을 이용해 새로운 유권자를 끌어들이겠다는 정치인의 의도가 반영되었다는 사실도 간과해서는 안 된다. 실제 여성(여기서는 아이를 낳거나 낳을 수 있는 이들로 모든 여성을 대표한 것은 아니다)을 돕기 위한 것이라기보다 정치적인 행위였다고 보는 의견도 있다. 셰퍼드-타우너법은 산파를 지지하여 이들의 훈련과 교육을 도모했지만, 정부의 권위에 지나치게 의존하고 현대 의학을 맹신한 나머지 미국 전역에서 산파업이 쇠퇴하는 결과로 이어졌다. 다음도 참조. Ladd-Taylor 1988, *op. cit.*, p. 270.

75 Craven and Glatzel, *op. cit.*, p. 338.

76 간호사-산파는 간호사 면허를 취득하고 산파가 하던 일을 맡았다. 간호사 분야가 세분화되면서 가능했던 발전이었다. 1925년 메리 브렉켄리지(Mary Breckenridge)가 켄

직적 모성 돌봄 체제는 실현되지 못했지만 그가 제안한 '모성 간호사,' '산과 간호사'는 간호사-산파의 형태로 재현되었다.

산파가 필요악이었다면, 그리고 사라지지 않고 계속 유지될 것이라는 믿음이 있었다면, 어떻게 미국 사회는 산파—특히 이민자 산파—를 통제하고 밀어낼 수 있었을까? 1920년대 들어 산파의 면허 취득과 교육을 의무화한 정부 규정과 법률은 의료 전문가가 결국 이 싸움에서 승리했음을 보여준다. 데이비스가 글을 완성한 1919년은 산파업이 완전히 쇠퇴하기 전이었으므로, 그는 산파들이 처한 여러 위기에 대해 구체적으로 언급하지 않았다. 그러나 산파를 남성 의사로 대체하는 과정은 의료 분야 내의 치열한 경쟁을 해결하고 경제적 이익을 취하고자 했던 전문의들의 요구로 가속화되었다.[77] 산파를 맹렬하게 비난했던 조셉 드리 박사는 1916년에 발표한 글에서 다음과 같이 주장했다. "산과는 최고 기술이 필요한 분야이며 수술만큼 돈을 많이 받아야 한다. 탐욕스러운 충동이라고 보는 것

터키주에 설립한 프론티어 간호 서비스는 미 동북부 복지가의 지원을 받아 정식 훈련을 받고 자격증을 취득한 간호사를 애팔래치아로 보내 이곳 백인 미국인들의 출산을 돕도록 했다. 곧 뉴욕에 최초의 간호사-산파학교가 설립되어 간호사-산파가 본격적으로 배출되었다. 2차 세계대전 후 출산을 적극적으로 주도하고자 한 중산층 여성을 시작으로 간호사-산파에 대한 수요가 늘었고, 1955년에는 미국 간호사-산파학교(ACNM, American College of Nurse-Midwives)가 창설되어 간호사-산파라는 직업이 전문성을 갖게 되었다. Tegan Kehoe, *Exploring American Healthcare Through 50 Historic Treasures* (Lanham: Rowman & Littlefield Publishers, 2021), p. 128; Radosh, *op. cit.*, p. 137; Katy Dawley, "Origins of Nurse-Midwifery in the United States and Its Expansion in the 1940s," *Journal of Midwifery & Women's Health* 48-2, 2003, p. 89.

77 1970년까지 미국에서는 산부인과의(OB-GYN) 중 여성이 10%에 불과했으며 1990년에도 22.4%에 지나지 않았다. 그러나 2010년에는 49%, 2012년 이후는 83%로 급격하게 증가했다.

은 인정하지 않겠다. [돈이야말로] 노동, 자기희생 및 기술에 걸맞은 보편적 정의(justice)이다."[78] 의사들은 출산에 개입하여 금전적 이익을 취하는 것을 당연하게 여겼지만, 여자인 산파가 비슷한 일을 하고 돈을 받는 것은 원치 않았다. 게다가 산파를 의료 전문가에 포함하면 겨우 전문성을 확보하게 된 산/부인과의에 대한 정부의 규제가 커지리라는 우려도 있었다.[79] 이민자 공동체에서까지 산파업의 쇠퇴하게 된 것은 그 자체의 특성 때문이기도 했다. 적어도 20세기 초까지는 특별한 기술이나 자격증이 필요하지 않았기 때문에 노동 계급의 기혼 여성이 쉽게 산파업을 선택할 수 있었다. 그러나 아이를 받는 일만으로는 생계를 꾸릴 수 없었으므로 여성들이 산파 일에 전적으로 몰두하기가 어려웠다.[80] 보스트가 설명했듯이, 산파업이 몰락한 것은 산파들이 권리를 위해 결속하여 싸우지 않아서가 아니라, 산파가 "전통적인 이민 공동체의 문화생활에 뿌리를 두고 있었기 때문"이었다. 이들 공동체가 미국화됨에 따라 산파업은 더 '미국적'이고 현대적인 의학으로 대체되었다.[81] 이것은 마이클 데이비스가 이민자들에

---

78   다음에서 재인용. Michele Goodwin, "The Racist History of Abortion and Midwifery Bans," *ACLU News & Commentary*, July 1, 2020. https://www.aclu.org/news/racial-justice/the-racist-history-of-abortion-and-midwifery-bans (2022.6.28. 접속). 존 드리 (John DeLee)는 롱워스 부인(결혼 전 이름은 엘리스 루스벨트로 대통령을 지낸 시어도어 루스벨트의 딸)이 1925년 첫 아이를 낳을 때 트와일라잇 슬립을 실시한 것으로 잘 알려졌다. "Longworth Babe Lusty One: Mother's Condition Is Good," *The Pittsburgh Press*, February 15, 1925.

79   Litoff, *op. cit.*, pp. 249-250.

80   Borst 1989, *op. cit.*

81   *Ibid.*, p. 48. 보스트는 산파들이 독자적으로 활동했으며 조직화하지 못했기 때문에 산파업이 몰락하게 되었다는 드클러크(Declercq)의 연구를 반박했다. 한편, 보스트는 산파업의 쇠퇴를 설명하는 데 있어서 다소 패배주의적인 태도를 보인다. 그의 주장은 설

게 기대했던 바로 그 과정이기도 했다.

미국의 산파들은 '이민자의 위협'(immigrant menace)을 대표하는 집단으로 비쳤기 때문에 더욱 비난을 샀다. 대부분 외국 태생에 이민자 여성을 주 고객으로 삼았는데도 불구하고 산파가 주류 백인 사회에까지 부정적인 영향을 미친다는 염려가 사라지지 않았다. 무엇보다 영아사망률과 관련된 산파의 위협은 실체가 있다기보다 미국의 각 '인종'별 출생 및 사망률에 대한 정확한 정보가 부족한 데서 기인했다. 1910년대 연방 인구조사가 출생과 사망 통계를 수집하자 신고의 의무가 있던 의사와 산파의 태만이 부각되었고, 이 중 산파에게 비난이 집중된 것이다.[82] 이민자 사회의 경우, 출산율이 높긴 했지만 모성과 영아사망률도 상당했다. 데이비스는 통계 수집의 맹점을 이해했기 때문에, 영아를 제대로 돌보지 못한다고 이민자 산모를 비난하는 대신 이들이 산파에게 너무 의존한 나머지 적절한 치료를 받지 못할까 우려했다. 그는 이민자들과의 상호작용을 통해 외국 태생의 영아사망률이 상당히 높다는 것을 인지했으며, "경제적 지위와 생활수준"의 차이가 인종 간—미국 태생 백인과 외국 태생—의 생물학적 차이보다 훨씬 더 큰 무게를 지녔다고 설명했다.[83] 이민자들의 자녀가 미국

득력이 있지만, 산파가 이민자 사회에서 살아남을 수 있었던 이유는 이들이 지역사회의 존경을 받았으며 이민자 사회의 전통적인 삶의 방식을 따랐기 때문이기도 했다. 물론 이민자 사회를 떠나서는 전문화될 수 없었다는 한계를 감안해야 할 것이다. 수전 스미스가 연구한 일본계 미국인 사회의 산바도 크게 다르지 않은 상황에 놓여 있었다.

82 미국 연방 인구조사국은 1880년대부터 사망 통계를 발행했고 1915년에는 출생 신고도 시작했다. 주에 따라 더 일찍부터 통계 자료를 취합한 곳도 있었다. Koslow, *op. cit.*, p. 107; Litoff, *op. cit.*, p. 249.

83 Davis, *op. cit.*, p. 442.

태생 백인들의 아이를 대체하게 될 것이라는 우려에도 불구하고, 데이비스는 물론 산파를 비난한 의사, 사회 개혁가 등도 이 아이들이 자라나 미국인이 될 것이라는 점을 의심치 않았다.[84] 데이비스는 미국 출생과 외국 태생 사이의 융합이 미국 사회에 장차 어떤 영향을 미칠 것인지는 명확하게 설명하지 않았지만, 건강한 국가를 위해서 출산이 올바로 되어야 한다는 점을 강조했다.[85] 데이비스의 이상은 공공기관이 어머니와 아이, 그리고 출산을 감독하고 외국 태생에게 더 나은 의료와 보건 서비스를 제공하는 과정을 통해 구체화되었다.

4. 맺음말

20세기 초 미국 사회의 결점은 출산 시 어머니와 아이를 제대로 보호하지 못한다는 데서 여실히 드러났다. 백인 중간 계급 여성의 출산을 맡은 의사의 성공은 이민자 산파가 산파업을 전문화하고 미래 세대에게 적절한 교육을 제공하는 것을 막았다. 산파는 "여성의 삶에서 이렇게 중요한 시기에 전문 의사가 모든 여성을 돌보아야 한다는 점이 얼마나 중요한지를 대중이 깨달을 때"까지 중간다리 역할만을 수행할 것이었다.[86] 무엇보다 건강한 국가라는 이상이 산파로 인해 위기에 놓였다는 불안과 두려

---

84   *Ibid.*, p. 203.
85   *Ibid.*, p. 445.
86   "Wilson County [North Carolina] Midwives Meet," *The Daily Times*, June 17, 1921. 공중보건 관료도 산파업을 "필요악으로 분류된 것 중 하나"라고 보았다.

움은 결국 간호사가 출산 및 산전·산후 관리에서 주된 역할을 하는 공중보건 체제의 구축으로 이어졌다. 미국 공중보건의 특성상 산파를 교육하고 자격증과 면허를 부여하는 작업은 연방정부의 주도가 아닌 지역 단위로 실시되었는데, 1929년 셰퍼드-타우너 기금이 철회되자 그나마 있었던 훈련 학교가 폐지되면서 산파는 일을 계속할 자격을 잃었다. 1930년대에 들어서면서, 오랫동안 "위생 면에서 암흑기의 유물"로 간주되었던 산파는 역사의 뒤안길로 사라졌다.[87] 1940년대가 되면 출산을 돕고자 하는 여성들은 정식 훈련을 꼭 받아야 했다. 그 결과 정식 자격을 갖춘 간호사에게 산파 훈련을 받게 하는 간호사-산파(nurse-midwife) 직종이 조산의 주류가 되었다.[88] 이민자 공동체의 산파 또한 비슷한 절멸의 과정을 거쳤다. 미국 사회에 동화하면서 이민자도 점차 병원에서 아이를 낳았으며 의료 전문가가 이민자 사회의 산파를 대신하게 되었다. 데이비스가 예측했듯이 건강한 국가는 이민자들이 미국의 삶의 방식을 따르고 잘 훈련된 의료 전문가에게 길을 내줄 때만 성립될 수 있는 듯했다. 그러나 이후에도 이민자·흑인 산파는 '필요악'으로 미국의 여러 지역에서 다양한 계층의 여성을 보조했다. 정부 의료 프로그램이 충분히 제공되지 않은 소외된 지역의 필수 의료인으로 활약하기도 했다. 이는 산파에 대한 통렬한 비판과 산파

---

87   Jeannette Young Norton, "Because Economic Conditions Demand Her, the Midwife, a Relic of Hygienically Dark Ages, Is Being Developed into a Scientific, Ministering Angel," *New-York Tribune*, February 18, 1915.

88   Ellen Terrell, "Honoring African American Contributions in Medicine: Midwives," Inside Adams: Science, Technology & Business, Library of Congress, https://blogs.loc.gov/inside_adams/2020/06/honoring-african-american-contributions-in-medicine-midwives/ (2022.7.15. 접속).

업 내부의 변화에도 불구하고 이들이 국가의 미래와 건강을 어느 정도 책임지고 있었다는 점을 잘 보여준다.

20세기 초 미국의 이민자 사회를 돌아보며, 마이클 M. 데이비스는 이민자의 어려움을 이해했고 이들의 문화적 관습이 가져온 차이도 인정했다. 온정주의적 시선이 분명히 있었지만 이민자 사회를 자극적으로 비판하지 않아서였는지 『이민자 건강과 지역사회』는 이후 큰 관심을 얻지 못했다. 그러나 데이비스가 이민자 사회의 여러 문제 중 '산파'에도 주목했다는 점은 그만큼 출산 과정에 불균형이 두드러졌다는 사실을 여실히 드러냈다. 21세기에도 인종·계급 간 의료 불균형이 여전함에 따라, 우리는 현재를 이해하기 위해서라도 출산에 수반된 역사적 변화를 논의해야 한다. 지난 세기 동안 모성 및 영아사망률은 극적으로 감소했고, 아이를 낳는 것은 이전만큼 여성에게 위험한 일이 아니게 되었다.[89] 하지만 임산부의 인종 및 민족 배경에 따른 모성 사망률을 재검토할 필요가 있다. 현재 미국은 저개발 국가와 비교해도 꽤 높은 모성 사망률을 보인다. 흑인 산모는 사회·경제적 배경과 무관하게 백인보다 사망할 확률이 세 배나 높다. 저소득층 이민자 여성의 상황 역시 이보다 낫지 않다. 흑인만큼은 아니라고 하지만, 라티노 이민자 여성의 모성 사망률은 상당히 높은 편이다.[90] 소외계층의 모성 사망률 증가에 대한 우려와 더불어 출산 기술이 점차 변화하고 있다는 점도 장차 연구의 대상이 되어야 할 것이다. 1960~70년대 페미

---

89 19세기 모성 사망률은 출생 100,000명당 500명에서 1,000명 사이였다.
90 "Pregnancy Mortality Surveillance System," Reproductive Health, Centers for Disease Control and Prevention, http://www.cdc.gov/reproductivehealth/maternal-mortality/pregnancy-mortality-surveillance-system.htm (2021.4.2. 접속).

니즘과 뉴에이지 운동, 그리고 1980년대~1990년대 자연주의 출산 운동으로 산파업의 지위를 복권해야 한다는 움직임이 커졌고, 현재 미국에서는 아직 10% 정도에 불과하나 출산의 주도권을 산파에게 맡기는 이들이 늘어나는 추세다.[91] 20세기 초 미국 이민자 산파의 역할을 조사하는 것은 오늘날 적절한 의료 서비스를 받지 못하는 데다 출산 방법을 선택할 여력이 없는 소외 계층의 문제와 연계된다. 코로나19 팬데믹의 경험에서 드러났듯이, 의료 접근성이 양극화된 현대 사회에서 다양한 인종·민족·경제적 배경을 가진 여성의 출산을 도우려면 의료 체제의 효용성에 대한 재고와 더불어 다시금 산파에 시선을 돌려야 할지 모르겠다.

---

91 자연주의 출산 운동에 대해서는 다음을 참조. Wendy Kline, *Coming Home: How Midwives Changed Birth* (New York: Oxford University Press, 2019). 미국에는 현재 여러 종류의 산파가 활동하고 있다. 공인 간호사-산파(certified nurse-midwives, CNMs)는 간호사, 산파 훈련을 다 받았으며 미국 간호사-산파학교(American College of Nurse-Midwifery)의 자격증 시험을 통과하고 주 면허를 취득해야 한다. 공인 산파(certified midwives, CMs)는 대학 교육을 받고 미국 간호사-산파학교의 자격증을 받는데 아직 새로운 전문 분야이기 때문에 주에 따라 면허를 허용하지 않기도 한다. 공인 전문 산파(certified professional midwives)는 훈련을 받은 산파로 북미산파등록기관(North American Registry of Midwives, NARM)의 자격증을 받는다. 자격증을 발급하지 않는 주도 있다. Direct-entry midwives(DEMs)는 대학 교육이나 도제 훈련을 받은 이들로 보통 가정 출산을 맡거나 출산 센터에서 일한다. 주에 따라서는 DEMs를 인정하지 않기도 한다. 다음을 참조. "What Is a Nurse-Midwife?" WebMD, https://www.webmd.com/a-to-z-guides/what-is-nurse-midwife (2022.9.10. 접속). 이 외에 정식 산과 훈련을 받지는 않았지만 분만 시 임신한 여성을 인도하고 지지하는 역할을 하는 둘라(doula)가 있다. 정서적인 지원을 제공하지만 분만 과정에는 개입할 수 없는 둘라와 달리, 산파(midwife)는 의료적인 면을 담당한다는 차이가 있다. 둘라에 대해서는 다음을 참조. Coburn Dukehart, "Doulas: Exploring a Tradition of Support," NPR, https://www.npr.org/sections/babyproject/2011/07/14/137827923/doulas-exploring-a-tradition-of-support#:~:text=The%20word%20%22doula%22%20comes%20from,and%20the%20early%20postpartum%20period (2022.9.10. 접속).

참고문헌

또 다른 타자: 근대 중국의 조산사단체와 곤경 / 자오징

『上海市惠生助産學校重建新校落成紀念特刊』. 上海: 上海市惠生助産學校. 1935.

『助星醫藥刊』. 上海: 中德助産學校校友會. 1942-1945.

鄧鐵濤. 程之範主編. 『中國醫學通史』(近代卷). 北京: 人民衛生出版社. 2000.

梁其姿撰. 蔣竹山譯. 「前近代中國的女性醫療從業者」. 載李貞德. 梁其姿主編. 『婦女與社會』. 北京: 中國大百科全書出版社. 2005.

楊念群. 『再造"病人"——中西醫沖突下的空間政治(1832-1985)』. 北京: 中國人民大學出版社. 2006.

費俠莉(Charlotte Furth)著. 甄橙主譯. 『繁盛之陰: 中國醫學史中的性(960-1665)』. 南京: 江蘇人民出版社. 2006.

蘇儀貞編. 『女性衛生常識』. 上海: 中華書局. 1930.

王瀛培. 「新中國成立初期上海助産士的式微及其原因(1949-1966)」. 『婦女研究論叢』2. 2020.

俞松筠. 『助産士職業倫理學』. 上海: 中德醫院出版部, 1939.

衣若蘭. 『三姑六婆——明代婦女與社會的探索』. 上海: 中西書局. 2019.

李貞德主編. 『性別. 身體與醫療』. 台北: 聯經出版事業公司. 2008.

李傳斌. 『條約特權制度下的醫療事業: 基督教在華醫療事業研究(1835-1937)』. 長沙: 湖南人民出版社. 2010.

張明島·邵浩奇主編. 『上海衛生志』. 上海: 上海社會科學院出版社. 1998.

章梅芳·李戈. 「民國時期北京産科接生群體的規訓與形象建構(1912-1937)」. 『北京科技大學學報(社會科學版)』5. 2015.

周春燕. 『女體與國族——強國強種與近代中國的婦女衛生(1895-1949)』. 高雄: 麗文文化事業股份有限公司. 2010.

陳明光主編. 『中國衛生法規史料選編(1912-1949.9)』. 上海: 上海醫科大學出版社. 1996.

何小蓮. 『西醫東漸與文化調適』. 上海: 上海古籍出版社. 2006.

賀蕭. 「生育的故事: 1950年代中國農村接生員」. 載王政·陳雁主編. 『百年中國女權思潮研究』. 上海: 復旦大學出版社. 2005.

Tina Philips. "Building the Nation Through Women's Health: Modern Midwifery in Early Twentieth-century China." Ph.D. Dissertation. University of Pittsburg. 2006.

Yi-Li Wu. *Reproducing Women: Medicine, Metaphor, and Childbirth in Late Imperial*

China. Berkeley and Los Angeles, California: University of California Press, 2010.

중국 청말-민국시대 산파의 이미지 형성과 변화 / 유연실 · 최지희

『申報』

『新聞報』

『點石齋畫報大全』

『輿論時事報圖畫』

『北京白話畫圖日報』

『図画日报』

『今日畫報』

『醫學世界』

(淸) 亟齋居士. 『達生編』. 『續修四庫全書 · 子部 · 醫家類』 1008册. 上海:上海古籍出版社. 2002.

金曈一 외 역해. 陳自明 原著. 薛己 校注. 『校注婦人良方譯解』 17. 정담. 2011.

신규환. 「조산사(助産士)의 제도화와 근대적 생육관리-1930년대 북평시 정부의 위생행정과 출생통제」. 『중국사연구』 42. 2006.

유연실. 「민국시기(民國時期)여성 지식인의 산아제한 인식과 피임의 실천」. 『중국사연구』 73. 2011.

유연실. 「청대(淸代) 산과(産科) 의서와 여성의 출산:『달생편(達生編)』을 중심으로」. 『의사학』 24-1. 2015.

최지희. 「청대 사회의 용의(庸醫) 문제 인식과 청말의 변화」. 『의사학』 28-1. 2019.

楊念群. 『再造 "病人": 中西醫沖突下的空間政治(1832-1985)』. 北京: 中國人民大學出版社. 2006.

梁其姿. 「前近代中國的女性醫療從業者」. 『面對疾病』. 北京: 中國人民大學出版社. 2012.

余新忠. 『淸末衛生防疫機制及其近代演變』. 北京師範大學出版社. 2016.

衣若蘭. 『三姑六: 明代婦女與社會的探索』. 台北:稻香出版社. 2002.

張璐. 「近世穩婆群體的形成建構與社會文化變遷」. 南開大學博士學位論文. 2013.

趙婧. 「近代上海的分娩衛生研究(1927-1949)」. 復旦大學博士學位論文. 2009.

趙婧. 「助産士與中國近代的分娩衛生」. 『醫學與哲學(人文社會醫學版)』 31-3. 2010.

周春燕. 『女體與國族: 強國強種與近代中國的婦女衛生(1895-1949)』. 台北: 國立政治大學歷史學系. 2010.

Furth, Charlotte. "Concepts of Pregnancy, Childbirth and Infancy in Ch'ing Dynasty China." *Jornal of Asian Studies* 46.1,Feb. 1987.

Furth, Charlotte. *A Flourishing Yin- Gender in China's Medical History 960-1665.* University of California Press. 1999.

Wu, yili. "Transmitted Secret: The Doctors of the Lower Yangzi Region and Popular Gynecology in Late Imperial China." Ph.D. diss. Yale University. 1998.

Wu, yili. Reproducing Women: Medicine, Metaphor, and Childbirth in Late Imperial China. Berkeley: University of California press. 2010.

국가정책, 전문직 자율성과 전후 대만지역 조산지식의 현지 실천 / 장수칭

『中國時報』

『青年戰士報』

『教育部公報』

『臺灣新生報』

『臺灣省政府公報』

『臺灣省政府公報』

郭文華.「一九五○至七○年代臺灣家庭計畫—醫療政策與女性史之研究」. 新竹: 清華大學歷史所碩士論文. 1997.

_____.「美援下的衛生政策: 一九六○年代臺灣家庭計畫的探討」.『臺灣社會研究』32. 1998.

郭素珍.「臺灣護理—助產業務的變革」.『護理雜誌』56(2). 2009.

郭為藩.『中華民國開國七十年來之教育』. 臺北: 廣文書局. 1984.

臺灣公醫會(編).『臺灣の衛生狀態』. 臺北: 臺灣公醫會. 1910.

臺灣省政府.『臺灣光復三十年』. 臺中: 臺灣省政府新聞處. 1975.

臺灣省政府教育廳(編).「臺灣省立臺中高級護理職業學校四年制護理助產合訓科計劃」.『臺灣教育發展史料彙編』. 臺中: 臺灣省教育廳. 1985.

臺灣省婦幼衛生研究所(編).『婦幼衛生主要統計』. 臺中: 臺灣省婦幼衛生研究所. 1992.

_____.『臺灣省婦幼衛生研究所所志』. 臺中: 臺灣省婦幼衛生研究所. 1999.

臺北市文獻會.「臺北醫護座談會紀錄」.『臺北文獻(直字)』118. 1996.

臺灣總督府.『臺灣總督府民政事務成績提要』131上. 明治40年分. 臺北: 臺灣總督府. 1907.

鈴木清一郎(著). 馮作民(譯).『臺灣舊慣習俗信仰』. 臺北: 眾文圖書公司. 1989.

劉士永編著.『臺灣醫療四百年』. 臺北: 慈濟大愛人文中心. 2006.

劉伯舒.「發展護理職業教育應有的認識與措施」.『護士季刊』4(4). 1957.

劉仲冬.『臺灣婦女處境白皮書』. 臺北: 時報出版. 1995.

_____.「護理人力問題之女性學解析」.『臺灣社會研究季刊』22. 1996.

謝小岑等.『技職教育政策與職業學校的運作』. 臺北: 行政院教育改革審議委員. 1996.

徐曼瑩等.「護理技職教育體系各層級學生護理課程之研究與發展」.『第十屆全國技術及職業教育研討會論文集—醫護類』. 臺北:教育部技職司. 1995.

顏裕庭.「國內目前婦產教育的管窺」.『護理雜誌』18(4). 1971.

楊雅惠.『阮的心內話』. 北縣: 臺北縣立文化中心. 1996.

吳嘉苓.「醫療專業, 性別與國家: 臺灣助產士興衰的社會學分析」.『臺灣社會學研究』(臺北)4. 2000.

王貴譽.「如何提高護士在社會上之地位」.『護理雜誌』12(2).1965.

王美娥.「弘光護專護理助產科學生實習暨生活實況的調查」.『弘光護專學報』10. 1982.

遊鑑明.「日據時期的產婆」.『近代中國婦女史研究』1. 1993.

_____.『走過兩個時代的臺灣職業婦女訪問紀錄』. 臺北: 中研院近史所. 1994.

李式鸞.「當前美國護理助產教育之分析」.『護理雜誌』21(1). 1974.

林王美園.「從鄰國的助產教育制度觀看助產教育」,『助產雜誌』16. 1984.

_____.「助產士功能的回顧與展望」,『助產雜誌』21. 1981.

林綺雲.「臺灣助產士專業的變遷—社會學的解析與省思」.『國立臺北護專學報』10. 1993.

林怡青.「政策轉換對婦女生育健康服務之影響—助產士的觀點」. 臺北: 陽明大學衛生福利研究所碩士論文. 1998.

張淑卿訪談.「黃美瑤小姐訪談紀錄」. 未刊稿. 1998.

全國教育會議秘書處(編).『第五次全國教育會議報告』. 臺北: 教育部. 1970.

佐藤會哲.『臺灣衛生年鑑』. 臺北: 臺衛新報社. 1932.

朱寶鈿.「我國護理教育及護理工作概況」.『護理雜誌』19(1). 1974.

張笠雲.『醫療與社會』. 臺北: 巨流圖書公司. 1998.

張文亮.『一把剪刀, 幫助千百人—蔡巧與臺灣初期護理』. 臺北: 校園書坊. 2005.

張芙美.「臺灣地區執業助產士與人口分布情況的分析」.『弘光護專學報』6. 1978.

陳紹馨.『臺灣的人口變遷與社會變遷』. 臺北: 聯經出版事業公司. 1979.

行政院衛生署(編).『臺灣地區公共衛生發展史』. 臺北: 行政院衛生署. 1995.

Chia-Liang Wu. "Women, Medicine, and Power：The Social Transformation of Childbirth in Taiwan", Ph. D Dissertation, Illinois：University of Illinois. 1997.

Abbott, Andrew. *The System of Professions：A Essay on the Division of Expert Labor*, Chicago: The University of Chicago Press. 1988.

이임하. 「출산에서의 여성전문직 조산사의 기능과 쇠퇴에 관한 연구」. 『한국구술사학회 구술사연구』 6-1. 한국구술학회. 2015.

朝日新聞デジタル@asahicom. 「食事はサラダとわずかな鶏肉…妊婦を苦しめえる厳しい体重制限」. 『Twitter』 2021.07.04.
　　https://mobile.twitter.com/i/events/1411592603913523202 (2022. 11.0.01. 接続).

五十嵐 沙千子.「バフチンの対話/対話としての詩学―オープンダイアローグ(Openの背景」. 『哲学・思想論集』. 44. 2022.

勝村久司.「無痛分娩, 決める前に知ってほしいこと」. 『朝日新聞Digital』. 2018.
　　https://www.asahi.com/articles/SDI201801282011.html (2022. 11.0.01. 接続).

金子光編. 『初期の看護行政』. 日本看護協会出版会. 1992.

加納尚美.「助産師とは」. 加納尚美編. 『助産師になるには』. 東京:ぺりかん社. 2018.

厚生労働省.「就業保健師・助産師・看護師・准看護師」. 『厚生労働省平成16年保健・衛生業務報告』, 2004.
　　https://www.mhlw.go.jp/toukei/saikin/hw/eisei/04/index.html (2022.11.01. 接続).

_____.「結果の概要」. 『人口動態統計(確定数)の概況』. 2021.
　　https://www.mhlw.go.jp/toukei/saikin/hw/jinkou/kakutei21/dl/02_kek.pdf (2022. 11.0.01. 接続).

沢山美果子.「赤子と母のいのちを守るための江戸時代の民間療法」. 『国立民族学博物館研究報告』 40. 2016.

神宮司実玲.「妊婦のやせすぎ　子どもにもリスク医師に聞く体重管理」. 『朝日新聞デジタル』. 2021. https://www.asahi.com/articles/ASP714PTNP6KULBJ008.html (2022. 09.21. 接続).

土屋宰貴.「わが国の「都市化率」に関する事実整理と考察― 地域経済の視点から ―」. 『日本銀行ワーキングペーパーシリーズ』 No. 09-J-4. 2009.
　　https://www.boj.or.jp/research/wps_rev/wps_2009/data/wp09j04.pdf (2022.11.01. 接続).

東京マザーズクリニック.「最新(2020年)の帝王切開率は21.6%」. 『東京マザーズクリニック』. 2022.
　　https://mothers-clinic.jp/anesthetist/3672/ (2022. 10.09. 接続).

ドクターマップ.「正常分娩と異常分娩」. 『ドクターマップ』. n.d. map.info/useful/17166_mater_007/ (2022.11.03.接続)

日本看護協会助産師職能委員会.「病院・診療所における助産師の働き方— 助産師が自立して助産ケアを行う体制づくりのために—」.『社団法人日本看護協会助産師職能委員会』. 2006.

https://www.nurse.or.jp/home/publication/pdf/fukyukeihatsu/josanshinohataraki kata.pdf (2022.10.19. 接続).

日本助産実践能力推進協議会編.『助産実践能力育成のための教育プログラム』. 東京: 医学書院. 2015.

パラマナビ.「24年ぶりにアップデートされた「妊娠中至適体重増加量」の目安—出生児の数十年後の将来を見据えて].『パラマナビ』. 2022.

https://media.paramount.co.jp/wo-b-202202-01/ (2022.11.01.接続).

福島 安紀.「日本の「妊婦の厳しい体重管理」の基準が変わったワケ:なぜ妊婦の体重制限が危険なのか?」.『日経BP』. 2021.

https://project.nikkeibp.co.jp/behealth/atcl/feature/00037/052000004/ (2022.11.01. 接続).

宮谷由枝, 松本千聖.「毎日の体重測定が「地獄」妊婦を苦しめた医師の指示」.『朝日新聞デジタル』. 2021.07.04.

https://www.asahi.com/rticles/ASP716JYYP6QDIFI00B.html (2022.11.01. 接続).

村上明美.「社会からの助産師への期待と求められる役割」. 日本助産実践能力推進協議会編『助産実践能力育成のための教育プログラム』. 東京: 医学書院. 2015.

Medical Tribune.「わが国の帝王切開率に地域差全国平均は18.5%で「適切」の範囲内」.『Medical Tribune』. 2017.

https://medical-tribune.co.jp/news/2017/1121511694/ (2022.09.01. 接続).

望月哲男, 鈴木淳一訳, ミハエル・バフチン(Mikhail Bakhtin).『ドストエフスキーの詩学』. 筑摩書房. 1995.

山本真実, 片岡弥恵子.「実地指導者が新人助産師の分娩期における気づきと解釈を促進する教育」.『日本助産学会誌』33-1, 2019.

山本智美.「妊産婦への生活の調整支援」. 日本助産実践能力推進協議会編.『助産実践能力育成のための教育プログラム』. 東京: 医学書院. 2015.

Chang, Shu-Ching. "National Policy, Professional Autonomy, and the Local Practice of midwifery knowledge in Post WWII Taiwan, 1950~1980s," 경희대학교 인문학연구원 HK+통합의료인문학연구단 국제학술회의『근대 역사상의 산파와 조산사』발표 논문 초록. 2022.

Davis-Floyd, Robbie. *Birth As An American Rite Of Passage*, Berkeley: University of California Press. 1992.

Foucault, Michel. *The History of Sexuality Vol. 1: An Introduction*, New York: Vintage Books, 1979.

Gepshtein, Yana, Horiuchi, Shigeko, and Eto, Hiromi. "Independent Japanese midwives: A Qualitative Study of their Practise and Beliefs," *Japan Journal of Nursing Science* 4, 2007.

Gaoa, Ling-ling, Lub, Hong, Leapc, Nicky, Homerc, Caroline. "A Review of Midwifery in Mainland China: Contemporary Developments within Historical, Economic and Sociopolitical Contexts," *Women and Birth* 32. 2019. https://www.sciencedirect.com/science/article/abs/pii/S187151921730121X(2022.09.13. Accessed).

Japanese Nursing Association. "Midwifery in Japan", Japanese Nursing Association. 2018. https://www.nurse.or.jp/jna/english/midwifery/pdf/mij2018.pdf (2022. 09.23. Accessed).

Jordan, B., Birth in Four Cultures: A Cross-cultural Investigation of Childbirth in Yukatan, Sweden, and the United States (4th edn), Prospect Heights, IL: Waveland 1993.

Kim, Yun Mi, "2020 Year of the Nurse and the Midwife: a Call for strengthening Midwifery in Response to South Korea's Ultra-low Birth Rate," *Korean J Women Health Nurs* 26-4, 2020. https://synapse.koreamed.org/articles/1145404 (2022. 11.01. Accessed).

Koshiyama M, Watanabe Y, Motooka N, Horiuchi H. "The Current State of Professional Midwives in Japan and their Traditional Virtues," *Women Health Open J*. 2-1. 2016.

Normile, Dennis. "Staying Slim during Pregnancy carries a Price," *Science*, Aug 3, 361 (6401), 2018.

Park, Yunjae. "Colonial Origins of Weakening Midwife," 경희대학교 인문학연구원 HK+통합의료인문학연구단 국제학술회의 『근대 역사상의 산파와 조산사』 발표 논문 초록. 1-5. 2022.

Rothman, B.K. "The Meaning of Choice in Reproductive Technology," eds., Rita Arditti, Renate Klein, and Shelley Minden. *Test-tube Women: What Future for Motherhood?*, London and Boston: Pandora Press. 1984.

Taipei Times. "Association touts Tebirth of Midwifery in Taiwan," *Taipei Times*. 2014. https://www.taipeitimes.com/News/taiwan/archives/2014/03/17/2003585859#:~:te xt=There%20are%20more%20than%2050%2C000,Ministry%20of%20Health%20 and%20Welfare(2022.11.0.03. Accessed).

Taiwan Today. "Taiwan's Midwives delivered into History," *Taiwan Today*, 2010. https://taiwantoday.tw/print.php?unit=10,23,45,10&post=16411 (2022. 11.0.03.

Accessed).

Tsipy, Ivry. *Embodying Culture: Pregnancy in Japan and Israel*, Rutgers Univeristy Press. 2009.

Yan, Jie, Wang, Long, Yang, Ying, Zhang, Ya, Zhang, Hongguang, He, Yuan, Peng, Zuoqi, Wang, Peng, Yuanyuan, Wang, Qiaomei, Shen, Haiping Zhang, Yiping, Yan, Donghai, Ma, Xu, and Yang, Huixia. "The Trend of Caesarean Birth Rate Changes in China after 'Universal Two-child Policy' Era: a Population-based Study in 2013-2018," *BMC Medicine* 18 (249). 2020.

Yonhap News Agency. "4 in 10 S. Korean mothers opt for C-sections: data," Yonhap News Agency. 2019.
https://en.yna.co.kr/view/AEN20190408007600320 (2022.11.05.Accessed).

출산의 필요악: 20세기 초 미국 이민자 사회의 산파 / 신지혜

박윤재. 「해방 후 한국 조산제도의 성립과 변화: 원로 조산사들의 구술을 중심으로」. 『연세의사학』 11-2, 2008.

박진빈. 「20세기초 미국 모성주의적 복지정책의 발전」. 『역사학보』 180, 2003.

신규환. 「조산사의 제도화와 근대적 생육관리-1930년대 북평시정부의 위생행정과 출생통제」. 『중국사학회』 42, 2006.

신규환. 「20세기 전후 동아시아 조산제도의 성립과 발전」. 『연세의사학』 11-2, 2008.

Bogdan, Janet. "Care or Cure? Childbirth Practices in Nineteenth-Century America." *Feminist Studies* 4, 1978.

Borst, Charlotte G. "Wisconsin's Midwives as Working Women: Immigrant Midwives and the Limits of a Traditional Occupation, 1870-1920." *Journal of American Ethnic History* 8, 1989.

_____. *Catching Babies: The Professionalization of Childbirth, 1870-1920*. Cambridge, MA: Harvard University Press, 1995.

Brodsky, Phyllis L. "Where Have All the Midwives Gone?" *Journal of Perinatal Education* 17-4, 2008.

Burst, Helen Varney, et al. *A History of Midwifery in the United States: The Midwife Said Fear Not*. New York: Springer Publishing Company, 2015.

Calavita, Kitty. "Gender, Migration, and Law: Crossing Borders and Bridging Disciplines."

International Migration Review 40-1, 2006.

Craven, Christa. *Pushing for Midwives: Homebirth Mothers and the Reproductive Rights Movement.* Philadelphia: Temple University Press, 2010.

Craven, Christa, and Mara Glatzel. "Downplaying Difference: Historical Accounts of African American Midwives and Contemporary Struggles for Midwifery." *Feminist Studies* 36-2, 2010.

Davis, Michael M., Jr. *Immigrant Health and the Community.* New York: Harper & Brothers Publishers, 1921.

Dawley, Katy. "Origins of Nurse-Midwifery in the United States and Its Expansion in the 1940s." *Journal of Midwifery and Women's Health* 48-2, 2003.

Declercq, Eugene R. "The Nature and Style of Practice of Immigrant Midwives in Early Twentieth Century Massachusetts." *Journal of Social History* 19-1, 1985.

Dukehart, Coburn. "Doulas: Exploring a Tradition of Support." NPR, https://www.npr.org/sections/babyproject/2011/07/14/137827923/doulas-exploring-a-tradition-of-support#:~:text=The%20word%20%22doula%22%20comes%20from,and%20the%20early%20postpartum%20period.

Dye, Nancy Schrom. "Review Essay: The History of Childbirth in America." *Signs* 6, 1980.

Goodwin, Michele. "The Racist History of Abortion and Midwifery Bans." ACLU News & Commentary, July 1, 2020. https://www.aclu.org/news/racial-justice/the-racist-history-of-abortion-and-midwifery-bans.

Hart, Tanya. *Health in the City: Race, Poverty, and the Negotiation of Women's Health in New York City, 1915-1930.* New York: NYU Press, 2015.

Kehoe, Tegan. *Exploring American Healthcare Through 50 Historic Treasures.* Lanham: Rowman & Littlefield Publishers, 2021.

Kline, Wendy. "Back to Bed: From Hospital to Home Obstetrics in the City of Chicago." *Journal of the History of Medicine and Allied Sciences* 73-1, 2018.

_____. *Coming Home: How Midwives Changed Birth.* New York: Oxford University Press, 2019.

Kraut, Alan. *The Silent Travelers: Germs, Genes, and the Immigrant Menace.* Baltimore: The Johns Hopkins University Press, 1994.

Ladd-Taylor, Molly. "'Grannies' and 'Spinsters': Midwife Education under the Sheppard-Towner Act." *Journal of Social History* 22-2, 1988.

_____. *Raising a Baby the Government Way: Mothers' Letters to the Children's Bureau 1915-1932.* New Brunswick: Rutgers University Press, 1986.

Leavitt, Judith Walzer. *Brought to Bed: Child-Bearing in America, 1750-1950*. New York: Oxford University Press, 1986.

_____. "Birthing and Anesthesia: The Debate over Twilight Sleep." *Signs* 6-1, 1980.

Litoff, Judy Barret. "Forgotten Women: American Midwives at the Turn of the Twentieth Century." *The Historian* 40-2, 1978.

Logan, Onnie Lee, and Katherine Clark. *Motherwit: An Alabama Midwife's Story*. San Francisco: Untreed Reads Publishing, LLC, 2014.

Luibhéid, Eithne. *Entry Denied: Controlling Sexuality at the Border*. Minneapolis: University of Minnesota Press, 2002.

Luke, Jenny M. *Delivered by Midwives: African American Midwifery in the Twentieth-Century South*. Jackson, MS: University Press of Mississippi, 2018.

McGregor, Deborah Kuhn. *From Midwives to Medicine: The Birth of American Gynecology*. New Brunswick: Rutgers University Press, 1998.

Morrison, Sheena M., and Elizabeth Fee. "Nothing to Work With but Cleanliness: The Training of African American Traditional Midwives in the South." *American Journal of Public Health* 100-2, 2010.

"Pregnancy Mortality Surveillance System," Reproductive Health, Centers for Disease Control and Prevention, http://www.cdc.gov/reproductivehealth/maternal-mortality/pregnancy-mortality-surveillance-system.htm.

Radosh, Polly F. "Midwives in the United States: Past and Present." *Population Research and Policy Review* 5-2, 1986.

"Review by Molly Ladd-Taylor." *The Journal of Interdisciplinary History* 19-2, 1988.

Rooks, Judith. *Midwifery and Childbirth in America*. Philadelphia: Temple University Press, 1997.

Rosen, George. "Editorials: Michael M. Davis (November 19, 1879-August 19, 1971): Pioneer in Medical Care." *American Journal of Public Health*, March 1972.

Sinke, Suzanne M. *Dutch Immigrant Women in the United States, 1880-1920*. Urbana: University of Illinois Press, 2002.

Smith, Susan L. *Japanese American Midwives: Culture, Community, and Health Politics, 1880-1950*. Urbana: University of Illinois, 2005.

"Strengthening Quality Midwifery for All Mothers and Newborns," WHO, https://www.who.int/activities/strengthening-quality-midwifery-for-all-mothers-and-newborns.

Susie, Debra Anne. *In the Way of Our Grandmothers: A Cultural View of Twentieth-*

Century Midwifery in Florida. Athens, GA: University of Georgia Press, 2009.

Terrell, Ellen. "Honoring African American Contributions in Medicine: Midwives." Inside Adams: Science, Technology & Business, Library of Congress, https://blogs.loc.gov/ inside_adams/2020/06/honoring-african-american-contributions-in-medicine-midwives/.

Tunc, Tanfer Emin. "The Mistress, the Midwife, and the Medical Doctor: Pregnancy and Childbirth on the Plantations of the Antebellum American South, 1800-1860." *Women's History Review* 19-3, 2010.

Ulrich, Laurel Thatcher. *The Midwife's Tale: The Life of Martha Ballard, Based on Her Diary, 1785-1812*. New York: Vintage, 1990.

Wilson, Adrian. *Ritual and Conflict: The Social Relations of Childbirth in Early Modern England*. New York: Routledge, 2016.

사토 노리코 부경대학교 일어일문학부 교수. 사회 인류학 전공. 런던대학교 (SOAS)에서 석사, 더럼대에서 박사학위를 받았다. 주요 논문으로는 "The Formation of Three Different Identities: The Cases of Syriac Orthodox Christian Refugees and their Memories of the Safyo Genocide", "War Memorials and Memories of Wars: Indians Commemorate Subhas Chandra Bose in Tokyo" 등이 있다.

신지혜 전남대학교 역사교육과 조교수. 연세대학교 인문학부에서 서양사학과 영어영문학을 공부했고, 미국 뉴저지 주립대학에서 역사학 박사학위를 받았다. 주요 논문으로는 「미국 국경에서의 정신병」, 「20세기 초 엘리스 섬의 이민 아동과 질병」 등이 있다.

유연실 목포대학교 사학과 조교수. 전남대학교 사학과를 나와 중국 상하이 푸단 대학에서 역사학 박사 학위를 받았다. 주요 논문으로는 「1950년대 중국 의 파블로프 학설 수용과 의료 체계의 변화: 보호성(保護性) 의료 제도의 확립을 중심으로」, 「1950년대 초기 중화인민공화국(中華人民共和國)의 무통분만 담론」 등이 있다.

자오징(趙婧) 중국 상하이 사회과학원 역사연구소 부연구교수(Associate Research Professor). 중국 푸단대학에서 역사학 박사학위를 받았다. 주요 논문으 로는 「버들잎과 칼날-근대 중국의 양의 수술 기술과 관념의 변천(柳葉刀 尖—西醫手術技藝和觀念在近代中國的變遷)」, 「의학, 직업과 젠더- 근대의 여 성의료론 재탐구(醫學, 職業與性別—近代女子習醫論再探)」 등.

장수칭(張淑卿) 타이완 장경대학의학과(長庚大學醫學系) 인문·사회의학과교수, 타이완 린커우장경의원(林口長庚醫院)병리과 초빙연구원. 타이완 청화대학역사학연구소에서 역사학 박사학위를 받았다. 주요 논문으로는 「해부학지식 전수와 실습의 초보적 관찰: 1900년부터 1980년까지 타이완 의학교육 현장을 분석 대상으로(解剖學知識傳授與實作的初步觀察: 以1900-1980年代的臺灣醫學教育現場為分析對象)」, 「타이완에서의 선교 간호: 1945-1970년대 푸리(埔里)기독교병원부설 간호학교와 메노나이트 간호학교의 예(傳教護理在臺灣:以埔基護校與門諾護校為例, 1945-1970s)」, 「세계보건조직과 1950년대 타이완 간호학과의 발전(世界衛生組織與1950年代臺灣護理專業之發展)」 등이 있다.

최지희 경희대학교 인문학연구원 HK+통합의료인문학연구단 HK연구교수. 전남대학교 사학과를 졸업하고 중국 난카이대학에서 박사학위를 받았다. 주요 논문으로는 「청대 사회의 용의(庸醫) 문제 인식과 청말의 변화」, 「청대 의약업의 성장과 약목(藥目)의 출판」, 「청대 의약시장의 상업화와 '매약'」, 「청대 의약시장의 변화와 '가짜약' 논란」, 「청말 민국 초 전염병과 의약시장: 콜레라 치료제의 생산과 광고를 중심으로」 등이 있다.

찾아보기

[ㅎ]

경희대학교 인문학연구원 / HK+통합의료인문학연구단 / 통합의료인문학 학술총서10

역사 속의 산파와 조산사

등록 1994.7.1 제1-1071
1쇄 발행 2023년 3월 15일

기 획 경희대학교 인문학연구원 HK+통합의료인문학연구단
지은이 사토 노리코 신지혜 유연실 자오징 장수칭 최지희
펴낸이 박길수
편집장 소경희
편 집 조영준
관 리 위현정
디자인 이주향
펴낸곳 도서출판 모시는사람들
        03147 서울시 종로구 삼일대로 457(경운동 수운회관) 1207호
전 화 02-735-7173, 02-737-7173 / 팩스 02-730-7173

인 쇄 (주)성광인쇄(031-942-4814)
배 본 문화유통북스(031-937-6100)
홈페이지 http://www.mosinsaram.com/

값은 뒤표지에 있습니다.
ISBN 979-11-6629-158-6   94000
세트   979-11-6629-001-5   94000

이 저서는 2019년 대한민국 교육부와 한국연구재단의 지원을 받아 수행된
연구임(NRF-2019S1A6A3A04058286).